상처 입은 치유자

THE WOUNDED HEALER:
Ministry in Contemporary Society

두란노 시그니처
리커버 시리즈 1

상처 입은 치유자

지은이 | 헨리 나우웬
옮긴이 | 최원준
초판 1쇄 발행 | 1999. 1. 4.
개정 1판 1쇄 발행 | 2022. 6. 8.
개정 1판 10쇄 발행 | 2025. 2. 21.
등록번호 | 제1988-000080호
등록된 곳 | 서울특별시 용산구 서빙고로65길 38
발행처 | 사단법인 두란노서원
영업부 | 02)2078-3333 FAX | 080-749-3705
출판부 | 02)2078-3330

책값은 뒤표지에 있습니다.
ISBN 978-89-531-4232-9 03230

독자의 의견을 기다립니다.
tpress@duranno.com   www.duranno.com

두란노서원은 바울 사도가 3차 전도 여행 때 에베소에서 성령 받은 제자들을 따로 세워 하나님의 말씀으로 양육
하던 장소입니다. 사도행전 19장 8-20절의 정신에 따라 첫째 목회자를 돕는 사역과 평신도를 훈련시키는 사역,
둘째 세계선교™와 문서선교단행본·잡지 사역, 셋째 예수문화 및 경배와 찬양 사역, 그리고 가정·상담 사역 등을 감
당하고 있습니다. 1980년 12월 22일에 창립된 두란노서원은 주님 오실 때까지 이 사역들을 계속할 것입니다.

상처 입은 치유자

헨리 나우웬 지음

최원준 옮김

두란노

이 책을 향한 찬사들

이 책에 대한 독자들의 전반적인 반응은 '그래, 이거야!'가 되어야 합니다. 그렇습니다. 이거야말로 교회 안의 모든 이들에게 절실히 필요한 사역 방식입니다. 우리 모두는 서로를 섬기는 자들이기 때문에 목회자만이 아니라 모든 신자에게 이 책을 강력하게 추천합니다. ···기도하는 마음으로 이 책의 내용을 묵상한다면 우리는 '상처 입은 치유자 제1호'(The first Wounded Healer)이신 예수 그리스도의 도움을 받아, 기독교 사역의 신비 속으로 들어갈 수 있을 것입니다.

— *America Magazine*

명쾌하고 전혀 꾸밈이 없는 책입니다. ···창의적인 사례 연구들, 다양한 문화와 종교적 전통에서 나온 이야기들, 예리한 문화적 분석, 심리학적이고 종교적인 깊은 통찰, 균형 잡히고 창의적인 신학 등이 결합된 이 작은 책은 성직자와 평신도 모두에게 흥미진진하고도 이해하기 쉬운 책으로 다가갈 것입니다.

— *The Christian Century*

《상처 입은 치유자》는 나우웬 최고의 역작입니다. ···짧은 책이지만 이 안에 담긴 개념들은 책을 읽고 난 뒤에도 오랫동안 머릿속을 맴돌게 합니다. 현실적이고 소망으로 가득하고 매우, 매우 솔직한 책입니다.

— *Best Sellers*

이 책 전반에 걸쳐 영적인 깊이를 느낄 수 있습니다. 이 책은 의지가 흔들리는 사역자들에게 소망과 새로운 확신과 비전을 더해 줍니다. 나우웬은 사역자의 입장에서 그들에 대한 깊은 이해와 연민으로 말하고 있습니다.

— *United Church Observer*

나우웬의 말은 실제적이고 도전적입니다. 직선적이지만 쉽지 않고, 원론적이지만 결코 딱딱하지 않습니다.

— *The Critic*

평소 보여 주었던 깊이 있는 통찰력과 분명한 의사 전달을 통해 나우웬은 많은 생각들을 제공해 줍니다. … 즉 크리스천이란 치유의 사역자로 부르심을 받은 사람을 뜻하는 것입니다. 이런 사실을 알고 있는 사람들 뿐만 아니라 목회자와 평신도들 모두에게 이 책을 적극 추천합니다.

— *Review for Religious*

상처로 신음하는 다른 이들을 돕기 위해, 자신이 처한 혼란과 절망으로부터 빠져나오려고 애쓰는 목회자들에게 이 책은 유용할 것입니다. 묵상용 책으로나 실전 매뉴얼로나 꼭 사서 읽을 만한 가치가 있습니다.

— *Christian Advocate*

이 책을 이 나라의 모든 신학교와 목사 사택에 보낼 수 있다면 좋겠습니다. 나우웬은 현대 사역자들의 문제점을 파헤쳐 문제의 핵심을 드러내기 때문입니다.

— *The Record*

"현대 사회의 사역자는 어떤 모습을 지녀야 하는가"라는 의문에 대해 이 책은 매우 정확한 답을 제시하며, 그 답은 우리에게 많은 생각을 불러일으킵니다. 이 물음에 대해 진지하게 생각해 본 사람이라면 잠깐이라도 이 책을 읽어 보고, 그 후에는 좀 더 긴 시간을 내어 묵상해야 할 것입니다. 누구든 긴 묵상의 시간을 갖지 않고서는 배길 수 없게 만들 것입니다.

— *Catholic Star Herald*

목사에게나 평신도에게나 똑같이 있는 인간성을 강조하는 이 책은 사랑의 훈계의 색채를 띠고 있습니다. …가톨릭과 개신교 상관없이 모든 목회자의 가슴을 울리는 책입니다.

— *Virginia Kirkus Service*

우리 모두가 읽고 묵상할 가치가 있는 책입니다. 나아가, 우리를 기도하게 만드는 책입니다.

— *The Sign*

contents

개정판을 펴내며

　이 중요한 저작이 1972년에 처음 출간된 지 30년 이상의 세월이 흘렀습니다. 그럼에도 아직까지 인기가 식지 않는 것은 복된 소식을 기다리는 이들을 직접 만나고 그들과 하나가 되는 것이 곧 사역이라는 헨리 나우웬의 주장이 설득력을 얻었다는 분명한 증거입니다.

　나우웬의 글은 시대를 초월한 면이 있지만 출판사들과 헨리 나우웬 기념위원회(Henri Nouwen Legacy Trust) 관계자들은 현대 독자들에게 맞게 텍스트가 다듬어질 필요성을 느꼈습니다. 이를 위해 수고한 숀 멀루니(Sean Mulrooney)와 캐스린 스미스(Kathryn Smith)에게 깊이 감사하고 있습니다. 그들은 나우웬이라면 이 책을 어떻게 다듬을까 깊이 고민한 끝에 통찰과 영감은 그대로 담아내면서 현대 독자들에게 맞게 다시 풀어냈습니다.

초판이 주로 사역자들의 관심을 끌었다면 이 개정판은 더 온전한 인간으로 가는 여정에 있는 모든 이들에게 더할나위 없이 귀중한 안내서가 될 것입니다.

수 모스텔러(Sue Mosteller)
_ 헨리나우웬기념위원회 의원

네 개의 열린 문들

- 현대 사역의 위기 앞에서

현대 사회에서 '사역자'라는 말은 무엇을 의미합니까? 이는 지난 몇 년 동안, 사역을 하기 원하는 많은 사람이 계속 제기해 온 질문입니다. 이전의 사역에서 사용되던 익숙한 방법들이 와해되고, 전통적인 보호 장치들이 힘을 상실한 것이 오늘날의 현실입니다.

다음에 이어질 각 장들에서 이 질문에 답하고자 합니다. 그러나 새로운 깨달음을 통해 답을 얻을 때, 그 답으로 말미암아 새롭고도 많은 어려운 질문들이 내게 던져졌습니다. "내게 하나의 문이 열렸습니다. 그래서 나는 그 안으로 들어갔습니다. 그런데 거기에서 백 개의 닫힌 문을 만나게 되었습니다"라는 안토니오 포키아(Antonio Porchia)의 말처럼 말입니다. 그러나 나는 그 닫힌 문들에 대한 두려움 때문에 아예 어떤 문이든 열어 볼 엄두도 내지 않는 어리석은 짓을 하고 싶지 않았습니다.

　이 책은 문에 대한 비유를 바탕으로 구성되었습니다. 이 책의 각 장은 현시대의 사역이 지닌 문제 속으로 들어가는 각각의 문과 같습니다. 첫 번째 문은 고통받고 있는 세상의 상태(1장), 두 번째 문은 고통받고 있는 시대의 상태(2장), 세 번째 문은 고통받고 있는 개인의 상태(3장), 그리고 네 번째 문은 고통받고 있는 사역자의 상태(4장)를 나타냅니다.

이 책은 한 가지 주제를 충분한 증빙 문서를 통해 논증하려는 학문적인 책이 아닙니다. 자신들이 사역에 적합한지, 그리고 효율적으로 일하고 있는지 의문을 제기하는 사역자들에게 대답을 제시하기 위해 일관되게 쓰였습니다. 우리의 체험이 단편적이고 우리가 너무 성급하기 때문에 '사역자들을 위한 지침서'를 만들기가 어려워지는 듯합니다.

그러나 그런 모든 단편적인 조각들 가운데서도 한 가지 영상이 서서히 떠오르더니 사고의 중심이 되었습니다. 바로, 상처 입은 치유자의 영상이었습니다. 이 영상이 제게 최종적으로 떠올랐습니다.

현대인이 처한 어려움을 규명하려는 온갖 시도 끝에, 나는 사역자 자신이 겪는 어려움을 규명하는 것이 필요하고 그것이 제일 중요하다는 사실을 깨달았습니다. 사역자의 부르심은 자신의 시대가 처한 고통을 그 마음으로 깨닫는 것이며, 그 깨달음으로부터 그의 사역이 시작되기 때문입니다. 그가 혼란한 세상에 동참하려 하거나, 강박적인 것 같은 동시대 사람들과 관계를 맺으려 하거나, 또는 죽어 가고 있는 사람에게 말하려고 하는 등 그 모든 경우 그의 사역이 진실한 것으로 여겨지는 길은 자신의 마음으로 직접 경험한 고통을 말하는 것입니다.

그러므로 고통을 통해 얻은 상처가 다른 사람을 치유하는 원천으로 이용되는 방법을 사역자가 깊이 이해하지 못한다면, 진정한 사역은 이루어질 수 없을 것입니다. 그래서 이 책의 제목을 '상처 입은 치유자'로 정했습니다.

_코네티컷 주, 뉴 헤이븐에서

Henri Nouwen

The Wounded Healer

Chapter 1

'단절된 세상'에서의 사역

인간이
진정 추구하는 것을
탐색하다

살다 보면 외모, 행동, 그리고 말투에 있어서 현대인들의 모습을 극적으로 보여 주는 사람을 만날 것입니다. 내 경우에는 피터가 바로 그런 사람이었습니다. 그는 내게 도움을 청하러 왔지만, 나 역시 그 덕분에 내가 살고 있는 이 세상을 새롭게 이해하게 되었습니다.

피터는 스물여섯 살입니다. 그의 몸은 연약해 보입니다. 긴 금발에 감싸인 얼굴은 창백한 도시처럼 야위었습니다. 그의 눈빛은 부드러우면서도 무언가를 갈망하는 듯, 우울함을 내뿜습니다.

그의 미소는 친밀감을 불러일으킵니다. 그와 나누는 악수는 단순히 형식적인 의례를 넘어서서 상대방에게 깊은 인상을 심어 줍니다. 말할 때의 목소리는 자신의 이야기를 주의 깊게 들어 달라는 어조가 역력합니다.

피터와 이야기를 나누면서 나는 그의 생각을 알 수 있었습니다. 그는 자신의 삶의 근간을 이루고 있는 많은 경계들이 점점 모호해짐을 느끼고 있었습니다. 피터의 삶은 통제력을 상실한 채 표류하는 것처럼 보였고, 많은 환경적 요인에 따라 삶이 좌지우지되는 것처럼 보였습니다. 그 자신과 주위 환경 사이에는 명확한 구분이 사라져 갔고, 자신의 생각과 감정들이 정말 자기 것이라기보다는 누군가에 의해 자신에게 주어진 것이라고 느끼고 있었습니다.

때때로 그는 혼란스러웠습니다. 무엇이 환상이고, 무엇이 현실인지 몰랐습니다. 그는 작은 악마들이 자신의 머릿속에 침입해서 고통스럽고 참기 어려운 혼란을 일으키는 것 같은 이상한 느낌이 자주 들었습니다. 누구를 믿을 수 있고 누구를 믿을 수 없는지, 무엇을 해야 하고 무엇을 하지 말아야 하는지, 왜 어떤 사람에게는 '예'라고 하고 어떤 사람에게는 '아니오'라고 말해야 하는지 알지 못합니다. 선과 악, 추함과 아름다움, 마음을 끄는 것과 혐오스러운 것들 사이의 구분이 점점 의미를 잃어 가고 있었습니다. 쉽게 받아들이기 어려운 제안에 대해서조차 그는 "해 봅

시다. 아직 경험해 보지 않은 일이라면 한 번 해 보는 것도 좋지 않겠습니까? 그것이 좋은 것이든 나쁜 것이든 새로운 경험을 해 보는 것도 괜찮을 것 같은데요?"라고 말합니다.

자신과 환경, 환상과 현실 사이, 해야 할 것과 거부해야 할 것 사이에 명확한 구분 없이 피터는 현재의 포로가 되어 현재에 붙잡혀서 과거나 미래와 적절한 연관성을 갖지 못하는 듯했습니다.

집으로 돌아오면, 그는 또 다른 세계로 들어온 기분입니다. 부모님이 쓰는 언어, 그들의 질문과 관심, 그들이 간절히 바라는 것과 염려하는 것 등이 피터에게는 다른 언어와 분위기를 가진 또 다른 세상에 속한 것 같습니다. 피터가 그리는 자신의 미래는, 마치 모든 것이 희미하여 알아볼 수 없는 큰 덩어리이거나 꿰뚫어 볼 수 없는 먹구름 같습니다.

그는 자신이 사는 이유와 자신이 어디를 향해 가고 있는지 해답을 찾지 못하고 있습니다. 피터는 어떤 목표에 도달하기 위해 열심히 일하지도 않고, 큰 소망이 이루어지기를 고대하지도 않으며, 멋지고 중요한 어떤 일이 일어날 것이라고 기대하지도 않습니다. 허공을 바라보며 사는 것 같습니다. 그는 삶에서 '여기' 그리고 '지금'만 가치 있다고 확신할 뿐입니다.

지금까지 피터에 대해 설명한 이유는 정신과 치료가 필요한 환자의 모습을 보여 주기 위해서가 아닙니다. 피터는 여러 가지 면에서 전형적인 현대인의 모습을 보여 줍니다. 아마도 피터는 도움이 필요할 것입니다. 그러나 피터의 경험과 느낌은 단순히 한 개인의 정신병리학적 증상이라는 차원에서 이해될 수는 없습니다. 피터가 경험하고 느끼는 것들은 우리 모두가 살고 있는 역사적 상황의 일부분이며, 그렇기 때문에 우리는 그의 삶 속에서 시대의 표징을 볼 수 있고, 또 그 표징은 우리 자신의 삶 속에도 나타나는 것입니다. 우리는 피터를 통해 내가 '현대 사회의 인간성'(humanity in the modern age)이라고 부르는 상태의 고통스런 상황을 볼 수 있습니다.

이 장에서는, 피터와 같은 삶을 경험하는 많은 사람을 통해 분명히 드러나는 우리 인간이 처한 어려움을 좀 더 깊이 이해해 보고자 합니다. 현재의 혼란 가운데서 해방과 자유의 새로운 길들을 발견하기를 소망합니다. 현대 사회에서 인류가 당면한 어려움과 인류가 해방되는 길, 두 부분으로 나누어 살펴보겠습니다.

현대인들이 당면한
어려움

사람들은 과학 기술의 가능성에 대한 단순한 믿음을 상실했습니다. 인간에게 새로운 삶을 창출시켜 주었던 바로 그 과학의 힘 때문에 인간이 자멸할 수 있음을 깨닫습니다. 고대 인도로부터 전해지는 옛날이야기 하나를 소개하겠습니다.[2] 현대 인류가 처한 상황을 이해하는 데 도움이 될 것입니다.

네 명의 왕자가 각자 어떤 특기를 숙달해야 할지 의논하고 있었습니다. "세상을 두루 다녀 보고 특별한 기술을 배우자"라고 그들은 결정을 내렸습니다. 그들은 나중에 다시 만날 장소를 정한 뒤 각자 다른 방향으로 떠났습니다. 시간이 흘러 그 형제들은 약속한 장소에서 다시 만났습니다. 그리고 무엇을 배웠는지 서로 물어보았습니다.

첫째 왕자가 말했습니다. "나는 어떤 생물의 뼈 한 조각만 가지고도 '살'을 즉시 만들어 낼 수 있는 기술을 배웠어."

둘째 왕자가 말했습니다. "나는 그 생명체의 뼈에 살이 붙어 있으면 거기에 피부를 덧붙이고 털이 자라도록 하는 방법을 알고 있어."

셋째 왕자가 말했습니다. "살과 피부 그리고 털이 있다면 나는 팔 다리를 만들 수 있어."

마지막으로 넷째 왕자가 말했습니다. "만약 그 생물이 팔다리도 있고 완벽한 형태를 갖추게 되면 나는 거기에 생명을 불어넣는 방법을 알아."

이렇게 해서 형제들은 자신들의 특기를 선보일 수 있도록 뼈 한 조각을 찾아 정글로 들어갔습니다. 운명의 장난이었는지, 네 명의 왕자들이 찾아낸 뼈는 사자의 뼈였습니다. 하지만 그들은 아무것도 모른 채 그 뼈를 집어 들었습니다. 첫째가 그 뼈에 살을 붙였고, 둘째가 거기에 가죽을 씌우고 털이 자라도록 했으며, 셋째가 거기에 맞는 팔다리를 만들어 그 몸을 완성시켰고, 넷째는 그 사자에 생명을 불어넣었습니다.

생명을 되찾은 그 야수는 무성한 갈기를 흔들어대며 일어나 무시무시한 입과 날카로운 이빨, 그리고 무자비한 발톱으로 자신의 창조자들에게 덤벼들었습니다. 사자는 네 명의 왕자를 모두 죽인 뒤 만족스러운 표정을 지으며 숲속으로 사라졌습니다.

현대인들은 이 예화처럼 자신의 창조적 힘이 자멸의 잠재력을 지니고 있음을 깨닫고 있습니다. 현시대에는 새로운 산업 단지들 덕분에 과거에는 수년이 걸려 생산했던 것을 단 몇 시간 만에 생산하는 것이 가능해졌습니다. 그렇지만 한편으로는 바로 그 산업들이 대기 오염과 소음을 유발해 생태계의 균형을 깨뜨리며, 우리 인간이 몸담고 살아가는 환경을 오염시키고 있습니다.

우리는 차를 몰고 다니고 라디오를 듣고 텔레비전을 보지만 자신이 사용하는 그 도구들의 작동 원리에 대해서는 모릅니다. 무언가의 결핍이 더 이상 삶의 동기가 되지 못하는 물질 풍요의 시대에 우리 대부분은 살고 있습니다. 그러면서도 삶의 방향과 의미와 목적을 찾고 있습니다.

이 모든 것을 통해 우리는 필연적으로 알게 된 사실 때문에 고통스러워합니다. 인간이 이 지상의 생태계를 파괴할 뿐 아니라 그 복구 가능성마저 파괴할 수 있는 시대에 살고 있다는 사실이 그 하나입니다. 그리고 일부 인간이 아니라 인류 전체를, 우리가 존재하는 한시적 기간이 아니라 역사 자체를 파괴할 가능성이 있는 시대에 살고 있다는 것이 두 번째입니다. 인류의 미래는 이제 선택사항이 되어 버렸습니다.

현대 사회 이전의 사람들도 아마 이 세상이 정말로 역설적이라는 사실을 깨달았을 것입니다. 곧 이 세상에는 삶과 죽음이 섬뜩하게 서로 인접해 있고, 인간은 너무 쉽게 끊어질 수 있는 가느다란 줄에 매달려 있다는 것입니다. 그러나 인생을 바라보는 긍정적인 통념 덕분에 크게 문제삼지 않았습니다.

그러나 현대 사회에 태어난 사람들은 이 새로운 지식을 과거의 가치관으로 얼버무릴 수 없고, 가정이나 학교 등 전통적인 기관들의 영향으로 좋게 받아들일 수도 없습니다. 오히려 그로 말미암아 기존에 인간들이 가지고 있던 모든 준거의 틀이 근본적이고도 분명하게 무너집니다. 이들에게 문제가 되는 것은 핵전쟁 같은 새로운 위험이 미래에 도사리고 있다는 사실이 아니라, 미래라는 것이 결코 존재하지 않을지도 모른다는 것입니다.

젊은 사람이라고 해서 반드시 현대적인 것도 아니고, 나이든 사람이라고 해서 전근대적인 것도 아닙니다. 그 차이는 나이에 있는 것이 아니라 그들의 의식과 그에 관련된 생활양식에 있습니다.

역사 심리학자 로버트 제이 리프톤(Robert Jay Lifton)은 현시대를 살고 있는 사람들이 처한 어려움의 성격을 몇 가지 탁월한 개념으로 정의합니다. 리프톤의 정의에 따르면 역사적 단절(Historical dislocation), 단편화된 이데올로기(Fragmented ideology), 새로운 불멸에 대한 추구(A search for new immortality) 등으로 현대인들을 특징지을 수 있습니다.

역사적 단절

피터의 아버지가 피터에게 기말 시험은 언제 보는지, 결혼할 좋은 여자가 있는지 물어볼 때, 그리고 어머니가 그에게 고해 성사와 성체 성사, 가톨릭 학생회 입회 여부에 대해 조심스럽게 물어볼 때, 그 두 사람은 피터의 미래에 대한 자신들의 기대와 피터의 기대가 본질적으로 같을 것이라고 생각합니다. 그러나 자신들을 새로운 미래의 개척자로 생각했던 부모님과는 달리, 피터는 자신을 '생존 실험의 마지막 대상' 중 하나로 생각합니다.

그러므로 피터의 부모님이 사용하는 상징들은 전근대적인 사고방식을 가지고 있는 사람에게는 통용되지만, 피터에게는 그렇지 못합니다. 피터의 이러한 경험을 우리는 '역사적 단절'이라고 부릅니다. 그것은 "문화적 전통 가운데 존재하는 필수적이고 유익했던 상징들, 다시 말해 가족, 사고 체계, 종교 그리고 일상생활의 모습들과 관련된 상징들에 대해 인간이 느껴 온 연계감(a sense of connection)의 단절입니다."[3]

왜 인간은 결혼하고 아이를 낳으며, 공부를 하고 경력을 쌓아가야 합니까? 왜 인간은 새로운 과학 기술을 계발해야 하고, 새로운 기관을 설립해야 하며, 새로운 아이디어를 창출해야 합니까? 인간이 노력한 결과의 가치가 미래에 보장될 수 있을지 의문스럽다면 왜 그렇게 해야 합니까?

여기서 중요한 점은, 현대인에게는 창조적 삶을 사는 데 필수적인 연속 의식(a sense of continuity)이 결여되어 있다는 사실입니다. 현대인들은 자신을 비역사의 일부로 여겨, '지금 여기'(the here and now)라는 바로 그 순간만을 중요시합니다.

현대인에게 인생이란, 시위가 끊겨 어떤 화살도 쏠 수 없는 활과 같습니다. 그는 제자리를 상실한 듯 마비 상태로 있습니다. 그가 보이는 반응은 실존적인 인간이 보여 주는 갈망이나 기쁨이 아니라, 무관심과 권태입니다. 인간이 희망이나 절망을 느끼는 것은 자신에게 미래에 대한 책임이 있음을 인식할 때만 가능합니다. 그러나 자신을 극단적으로 복잡한 기술 관료주의(technological bureaucracy)의 희생양이라고 생각하면, 삶의 동기는 약화되고 그의 삶은 이 순간에서 그 다음 순간으로 의미 없이 흘러가는 것, 그리고 우발적 사건과 우연한 일들의 무작위적 연속에 불과합니다.

"전통적 기독교가 인간을 자유하게 하던 능력이 왜 현대인에게는 힘을 발휘하지 못하는가?"라는 질문에 답을 얻고자 한다면, 그에 앞서 한 가지 사실을 깨달아야 합니다. 기독교의 설교는 대부분, 인간이 자신을 의미 있는 역사적 존재로 본다는 전제 조건에 근거하고 있다는 사실입니다. 즉 그 전제 조건에 따르면 과거에 하나님이 우리에게 오셨고, 현재 우리 안에 살고 계시며, 미래에 우리를 해방시키기 위해 오실 것입니다. 그러나 역사의식이 결여된 인간에게 그러한 기독교의 메시지는 험한 길을 떠나야 하는 청년이 위대한 개척자에 대한 강의를 듣는 것처럼 자신과 동떨어진 이야기일 뿐입니다.

단편화된 이데올로기

피터의 삶에서 가장 놀라운 것들 중 하나는 그의 가치 체계가 아주 빠르게 바뀐다는 점입니다. 수년 동안 피터는 매우 엄격하고 순종적인 가톨릭 신학생이었습니다. 그는 매일 미사에 참례했고, 공동기도에도 몇 시간씩 참여했으며, 전례(典禮) 위원회 활동도 열심히 했습니다. 또 신학교의 학과목들을 공부하는 데도 흥미를 가졌을 뿐만 아니라 열성까지 있었습니다.

그러나 신학교를 떠나 일반 대학에서 공부할 결심을 한 지 몇 달 만에 피터는 이전의 모든 생활 방식을 버렸습니다. 주일 미사에도 참례하지 않았고, 다른 학생들과 술을 마시고 놀면서 밤을 새우기 일쑤였습니다. 게다가 여자 친구와 동거했고, 자신의 신학적 관심사와는 거리가 먼 분야를 택하여 공부했으며, 하나님이나 신앙에 대해 거의 이야기하지 않았습니다.

그것이 더욱 놀라운 이유는, 피터가 예전에 다녔던 신학교에 대해 전혀 나쁜 감정을 갖고 있지 않다는 데 있습니다. 피터는 신학교에 있는 친구들을 정기적으로 만났으며, 독실한 신앙인으로서 자신이 보낸 시간을 좋은 추억으로 간직하고 있습니다. 그러나 이 두 가지 생활 방식이 서로 일관성이 없다고는 거의 생각하지 않는 듯이 보입니다. 두 가지 경험 모두 각기 가치가 있고 장단점이 있는데, 왜 하나의 관점, 한 가지 사상, 그리고 불변의 한 가지 준거 틀에 따라 살아야 하는지 모르겠다는 것입니다.

피터는 신학교에서 보낸 시간을 후회하지도 않았고, 자신의 현재 상황을 지나치게 미화하지도 않습니다. 내일이면 모든 것이 또 달라질지도 모릅니다. 누가 알겠습니까? 그 모든 것은 누구를 만나고, 어떤 경험을 하고, 그 순간에 어떤 생각을 하고 어떤 욕구를 느끼느냐에 따라 달라집니다.

피터와 같이 현대를 살아가는 사람들은 이데올로기 없이도 살아갑니다. 이전에 우리는 확고하고 완전한 이데올로기를 가졌다면 이제는 유동적이고 단편화된 이데올로기를 가지고 살아갑니다.[4]

우리 시대의 가장 현저한 현상들 중 하나는 사람들이 다양하고도 상반된 사상, 전통, 종교적 확신, 그리고 생활양식 등을 너무나 많이 접하고 있다는 것입니다. 대중 매체를 통하여 인간이 겪는 가장 역설적인 경험들을 직면하기도 합니다.

한 사람의 생명을 살리기 위해 심장 이식 수술처럼 가장 정교하고 값비싼 일이 일어나는 것을 접하는가 하면, 수천 명의 사람들이 기아로 죽어 가는데도 그들을 돕지 못하는 이 세상의 무력함을 지켜보기도 합니다. 다른 행성으로 여행을 떠나는 인간의 능력을 목격하기도 하지만, 이 땅에서 벌어지는 어리석은 전쟁조차 종식시키지 못하는 인간의 무능함을 보기도 합니다. 인권과 기독교 윤리에 대한 차원 높은 토론을 나누기도 하지만, 브라질과 그리스 그리고 베트남에 있는 고문실에 대한 소식도 접합니다. 댐을 세워 강의 흐름을 바꾸고 비옥한 새 토지를 만들어 내는 인간의 능력에 놀라기도 하지만, 지진과 홍수와 폭풍 때문에 인간이 한 세대 동안 건설한 것보다 더 많은 것이 한순간에 파괴되는 모습도 봅니다.

이 모든 것을 접하는 인간은 하나의 사상이나 개념 또는 사고 체계를 가지고 상반된 이미지들을 한데 묶어 삶에 대한 일관된 전망을 도출해 낼 수 있으리라는 자기 기만적 생각은 하지 않습니다.

"포스트모던 문화의 이례적 만연"(The extraordinary flow of postmodern cultural influences)[5]은 현대를 사는 사람들에게 좀 더 융통성을 가질 것을 요구합니다. 다시 말해 현재 주어진 상황에 최상의 답변을 제공할 수 있는 사상적 단편들을 언제라도 받아들일 수 있는 열린 자세를 갖추고 그에 따라 살도록 요구받고 있는 것입니다. 역설적으로 들리겠지만, 현대인은 자신이 처한 환경의 순간적인 인상에 전적으로 자신을 몰입시킴으로써 커다란 흥분과 환희를 경험합니다.

현대를 사는 사람들은 언제 어디서나 진실하고 타당한 그 무엇이 있다는 사실을 더 이상 믿지 않습니다. 우리는 순간적이며, 즉석에서 이루어지는 임기응변적 삶을 살아갑니다. 우리의 삶은 콜라주 기법으로 만든 작품 같아서, 다양한 조각을 조합하여 인간이 그 순간에 어떻게 느끼고 있는가를 보여 줍니다. 우리의 음악은 즉흥곡과 같아서 여러 작곡가의 주제를 한데 묶어 순간적이고 새로운 어떤 것을 만들어 냅니다. 다른 사람과 의사소통하고 다른 사람의 반응을 얻어 낼 필요는 있지만, 다른 누구에게 강요하려는 뜻은 전혀 없는 감정과 생각들을 장난스럽게 표현하는 것, 그것이 우리의 삶입니다.

이렇게 단편화된 이데올로기 때문에, 현대인은 하나의 사상을 위해 기꺼이 목숨을 바치거나 살인을 저지를 수도 있는 광신자가 되지 못합니다. 우리가 우선적으로 추구하는 것은 가치 있게 느껴지는 경험들입니다. 따라서 우리는 매우 관대합니다. 신념이 다른 사람을 위협으로 여기기보다는 새로운 사상을 발견하고 자신의 사상을 시험해 볼 수 있는 기회로 여기기 때문입니다. 우리는 랍비, 목사, 사제 등의 말에 주의를 기울이기도 합니다. 그러나 그 사고 체계를 받아들이려는 것이 아니라 자신의 부분적이고 단편적인 경험을 심화시키기 위해서입니다.

기독교 메시지가 자신에게 맞지 않는 것 같다면 기독교를 하나의 관념으로 여기고 있기 때문은 아닌가 생각해 보아야 합니다. 예수님은 당대 지도자들이 처형한 유대인이셨습니다. 즉 예수님은 당시의 문화에 영합하신 분이 아니셨음에도 불구하고, 때로 문화적 영웅으로 간주되어 지극히 다양하고 파괴적이고 특정 관점을 옹호하는 것으로 평가됩니다. 이렇게 모든 영역에 적용되는 하나의 관념이 되어 버린 기독교가 자신의 삶과 적절한 연관성을 가질 수 있을지에 대해 우리는 회의적으로 생각합니다.

새로운 불멸에 대한 추구

피터가 왜 도움을 청하러 왔을까요? 그는 자신이 무엇을 찾고 있는지 정확히 알지는 못했지만, 전반적으로 삶의 모든 영역에 영향을 미치는 혼란을 느끼고 있었습니다.

피터는 자신의 삶 속에서 통일성과 방향 감각을 상실했습니다. 그는 자신을 온전한 한 인간으로 유지시켜 주는 경계선을 상실했습니다. 그리고 현재의 포로가 되어 이리저리 방황하며 궁극적으로 걸어야 할 인생의 길을 결정할 수 없는 존재가 되어 버린 것 같았습니다. 자신이 충실히 수행해야 할 일이 있다는 느낌을 갖기 위해 공부를 계속했습니다. 그러나 긴 주말이나 많은 휴일 동안 그는 잠을 자고 성 관계를 갖거나, 친구들과 함께 둘러 앉아 음악을 들으며, 공상하는 것으로 소일했습니다.

피터는 자신이 참여해야 할 만큼 긴박하거나 중요해 보이는 일이 없었습니다. 어떤 설계나 계획도, 신나는 목표나 완수해야 할 긴급 과제도 없었습니다. 피터는 갈등을 느끼지도 않았고, 우울하지도 않았으며, 자살하고픈 충동을 느끼지도 않았습니다. 그는 근심이 가득한 얼굴을 하고 있지도 않았습니다. 절망으로 고통받지 않았지만 그렇다고 무언가에 대한 희망을 품고 있지도 않았습니다.

피터는 이런 마비 상태가 정말로 괜찮은 것인지 의심이 들기 시작했습니다. 안고 싶고 입 맞추고 싶고 몸을 내던져 사랑의 행위를 하고픈 욕망을 충족시킨다고 해서 자유롭게 활동하며 새로운 걸음을 내디딜 수 있는 자유를 얻는 것은 아니라는 사실을 발견했습니다. 정말로 이 세상에서 인간이 살아가는 데 사랑만 있으면 충분한 것인지, 또한 창조적으로 인간의 한계를 뛰어넘는 방법을 모색해야 하는 것은 아닌지 그는 생각하기 시작했습니다.

피터 개인의 인생사를 들여다보면, 그가 무관심한 사람이 되어버린 원인을 시사해 줄 만한 사건이나 경험을 발견할 수 있을지도 모릅니다.

그러나 피터의 마비 상태를 창조성의 원천을 상실한 현대인의 상태로 보는 시각도 타당할 것 같습니다. 창조성의 원천은 바로 불멸 의식(a sense of immortality)입니다. 인간이 자신의 죽음 이후를 바라볼 수 없고 자신의 삶이 존재하는 시공을 넘어서서 자신의 존재 의미를 발견하지 못할 때, 인간은 창조의 욕구를 상실하고 인간으로서의 기쁨을 잃어버립니다. 그러므로 나는 피터의 문제를 불멸의 존재가 될 수 있는 새 방법을 모색하고 있는 현대인의 문제로 보고 싶습니다.

로버트 리프톤은 불멸 의식의 위협이야말로 현대를 사는 인간이 당면한 핵심 문제라고 봅니다. 이 불멸 의식이란 "우리 내면의 연속 의식이 다양한 삶의 요소들과 더불어 시공을 초월해 지속되기를 바라는 강력하고도 보편적인 욕구입니다. 그것은 한 인간이 전 인류 역사와의 연계성을 경험하는 도구입니다."[6]

　그러나 불멸하기 위한 전통적 방편들의 연계 능력이 현대인에게는 효력이 없습니다. 현대인은, "자기 파괴적인 이 세상에 자녀들을 낳고 싶지 않다"고 종종 말합니다. 이 말이 의미하는 바는, 자녀를 통해 계속 살고 싶어 하는 인간의 욕망이 역사 종말의 가능성으로 말미암아 소멸되었다는 것입니다.

　핵폭탄 한 번이면 인간의 모든 업적이 순식간에 재로 변할 텐데 우리가 왜 자신의 업적을 통하여 삶을 이어가고 싶어 하겠습니까? 정령 숭배적 불멸을 통해 인간의 생명이 자연 속에 존속되는 것입니까? '지금 여기'(here)에 대한 믿음도 없는데 어떻게 '내세'(hereafter)에 대한 믿음이 불멸의 추구에 대한 답이 될 수 있겠습니까? 죽음 이후의 삶이란 죽음 이전의 삶을 근거로 해서만 생각할 수 있고, 이 땅이 의지할 만한 것이 못 되고 기약할 만한 것이 없는 상황에서는 아무도 새 땅을 꿈꿀 수 없습니다.

　어떤 형태의 불멸도 인간 존재의 한계를 뛰어넘어 자신을 바라보도록 도와줄 수는 없습니다. 자녀를 통한 것이든, 자신의 업적을 통한 것이든, 자연을 통한 것이든, 아니면 천국에서 불멸하는 것이든 말입니다. 그러므로 지옥, 연옥, 천국, 내세, 부활, 낙원, 그리고 하나님 나라 같은 상징들 안에서는 자신의 경험을 적절히 표현할 수 없다는 것은 확실히 놀랄 만한 일이 아닙니다.

약속된 것들이 이루어지는 새 땅을 향해 인간이 가고 있다거나, 이 세상에서 인간이 행하는 창조적 활동은 내세의 삶을 미리 보여 주는 징표라는 가정에 입각한 설교나 가르침은 자신이 살고 있는 세상의 자멸 가능성을 염려하는 사람들에게는 공감을 불러일으키지 못합니다.

이제 현대를 사는 사람들에 대한 이야기를 마무리하고자 합니다. 피터는 현대인의 모델로 우리가 택한 사람이었습니다. 우리는 그의 역사적인 단절을, 그의 단편화된 이데올로기를, 그리고 그가 새로운 방식의 불멸을 추구하고 있음을 살펴보았습니다. 인식되거나 드러나는 데 정도의 차이는 있겠지만, 피터의 생활 방식에서 나타나는 몇몇 특성들이 자신과 주변 친구들에게도 있음을 분명히 깨닫게 되기를 바랍니다.

그러나 어쨌든 그런 인식이 바탕이 될 때, 기독교가 직면한 과제는 현대적 시대상에 적응해 가는 것이 아니라 명료화되지 않은 기독교의 기존 가정들이 여전히 기독교 구원론의 근간이 될 수 있는지 자문해 보는 것이라는 사실입니다.

인류가
해방되는 길

동료, 친구, 가족, 그리고 심지어는 자신의 모습에서 현대인의 모습을 보게 될 때 이런 새로운 형태의 인간이 해방과 자유를 성취할 수 있는 방법은 없는지 묻지 않을 수 없을 것입니다. 검증되지 않은 해답은 위로가 아닌 짜증을 불러일으킬 수 있습니다. 정체되고 혼란한 현재의 상황에서도 희망적인 방향을 제시하는 새로운 길을 발견할 수 있을지 모른다는 것이 중요합니다.

주위를 돌아보면, 단절과 분열로 마비되고 죽을 수밖에 없다는 사실(必滅性)에 포로가 된 사람들이 있습니다. 그러나 자신을 구속하는 어려움의 사슬로부터 벗어나 죽을 수밖에 없는 인간의 한계를 벗어나서 적극적으로 새로운 창조력의 원천을 체험하려는 사람들도 있습니다.

현시대를 살면서 직접 강박과 고통을 겪어 본 바에 의하면, 자신이 갇혀 있는 알의 껍질을 깨고 날아가기 위한 방법에는 크게 두 가지가 있습니다. 신비주의적 방법과 혁명적 방법입니다. 두 가지 모두 '경험적 초월'(experiential transcendence)[7]의 방식이라고 할 수 있습니다. 이 두 가지 방법 모두 새로운 관점을 갖게 하고 새로운 생활양식을 제시합니다. 이제부터는 이 두 가지 방법에 대해 기술하고,

어떻게 상호 관련되어 있는지 알아보겠습니다.

신비주의적 방법

신비주의적 방법은 내적인 방법입니다. 사람들은 자신의 내적 삶으로부터 '보이지 않는 것의 실체', '존재의 근원', '침묵의 순간'과의 관계를 찾으려 합니다. 그곳에서 인간은 가장 개인적인 것이 가장 보편적이라는 사실을 발견합니다.[8] 개개인의 특성, 심리적 차이, 성격 유형 등의 피상적 한계를 넘어 다른 모든 존재를 수용할 수 있고, 존재하는 모든 것과 의미 있는 관계를 형성할 수 있는 중심점을 발견합니다.

환각제의 환각 작용을 경험한 후 그로부터 안전하게 벗어나 본 많은 사람이 마약이 일으키는 느낌에 대해 얘기한 것을 들어 보면, 환각제를 복용해 흥분된 동안 그들은 잠시나마 소외감을 떨쳐 버릴 수 있었다고 합니다. 인간을 하나로 묶어 주는 신비로운 힘에 자신이 매우 가깝게 다가간 것 같은 느낌을 받았으며, 죽음 이후에 무엇이 있는지에 대한 통찰을 얻어 그들 자신이 자유로워지는 것 같았다고 합니다.

요즘에는 명상이나 정신 통일 또는 명상을 위한 장소, 선(禪)이나 요가 센터들이 자꾸 늘어나고 있습니다. 이와 같은 현상은 현대인들이 생사의 경계를 뛰어넘어 모든 인간의 전체 역사 및 자연과 깊은 관계를 맺을 수 있는 한순간, 한 시점, 또는 하나의 중심점을 찾으려 하고 있음을 보여 줍니다. 이 경험적 초월의 방식을 어떻게 정의하든 우리는 그 방식을 통해 자신이 속한 세상의 환경을 초월하여 자신의 일상생활에서 한 단계, 두 단계, 세 단계 또는 그 이상 벗어나서 포용적인 시각으로 실체를 바라보고 경험하려는 것입니다.

이런 경험을 통해 우리는 냉소적인 자신의 삶을 극복하고, 자신이 살아가는 삶의 중심부에 도달할 수 있습니다. 그렇게 되었을 때, 우리는 시작도 끝도 모르지만 그 어떤 이야기에서 자신이 독특한 위치를 갖는다고 느끼게 됩니다.

이와 같이 자신의 야망과 충동으로부터 창조적인 거리를 유지함으로써, '스스로 이루는 예언'(self-fulfilling prophecy)이 지니는 악순환의 고리를 끊으려 합니다. 스스로 이루는 예언이란 인간 스스로가 음울한 예측을 하며 괴로워하다 결국 그 예언이 이루어지도록 만드는 것을 뜻합니다.

거기서 우리는 자신이 지닌 창조성의 정수를 경험함으로써, 미래에 대한 자신의 암울한 생각에 수동적으로 희생되는 것을 거부할 힘을 얻게 됩니다. 그리고 인과관계의 사악한 사슬에 묶여 있는 고립된 인간이 아니라, 자신이 당면한 어려움을 이겨내고 자신의 관심사를 넘어서 멀리까지 도달할 수 있는 인간이 되는 것입니다. 그곳에서는 모든 사람이 평등한 존재로 다가오며, 서로에 대한 동정심이 야말로 인류에게 남겨진 가능성으로 대두됩니다. 그는 놀랍도록 자명한 사실, 곧 기도란 삶의 종교적 장식물이 아니라 인간의 생존에 필수적인 호흡이라는 사실을 통찰하게 됩니다.

혁명적 방법

그러나 현시대에 가시화되고 있는 두 번째 방법이 있습니다. 인간들이 처한 곤경을 극복하는 혁명적 방법입니다. 여기서 인간이 인식하는 것은 자신이 살고 있는 세상인가 혹은 보다 나은 세상인가 사이의 선택이 아니라, 아예 세상이 존재하지 않을 것인가 혹은 새로운 세상인가 사이의 선택입니다.

이것은 "혁명이 자살보다 낫다"고 말하는 사람들이 택하는 방법이기도 합니다. 그들은 이 세상이 낭떠러지를 향해 가고 있다는 확신을 가지고 있습니다. 아우슈비츠, 히로시마, 알제리아, 비아프라(Biafra), 미라이(My Lai), 아티카(Attica), 방글라데시, 그리고 북아일랜드의 경우는 인간이 자신의 어리석은 과학 기술 발명품으로 자멸해 가는 상황들 중 극히 일부에 불과하다고 생각합니다.

그들에게는 더 이상 개조, 복구, 또는 추가와 같은 것들이 도움이 되지 않습니다. 그들이 보기에 자유주의자나 진보주의자들은 견딜 수 없는 상황을 조금 더 견딜 만한 것으로 만들려고 함으로써 스스로를 기만하고 있을 뿐입니다.

그들은 가지치기만 하는 것에 지쳤고, 이제는 병든 사회를 뿌리째 뽑아내고 싶어 합니다. 인종 차별 폐지 회담, 대기 오염과 소음 공해에 대한 단체적 조치, 평화 봉사단, 가난 퇴치 프로그램, 그리고 인권 법안 제정 등이 강탈, 억압, 그리고 착취가 만연해 있는 세상을 구원할 것이라고 더 이상 믿지 않습니다. 기존의 질서를 철저히 근본적으로 뒤엎고, 과감히 방향을 전환하는 것만이 모든 것의 종말을 막을 수 있다고 생각합니다.

그러나 그들이 혁명을 일으키려는 것은 억압받는 자들을 해방시키고, 가난한 자들의 고통을 덜어 주며, 전쟁을 종식시키기 위해서가 아닙니다. 과거에는 빈곤이 폭동의 원인이 되기도 했습니다. 그렇지만 오늘날의 혁명가들은 바로 옆에서 급박하고도 직접적으로 고통받고 있는 동료 인간들의 궁핍을 더 심각한 종말론적 현상으로 봅니다. 그 종말론적 현상에서는 인류 전체의 생존이 위협을 받습니다.

오늘날 혁명가들의 목표는 더 나은 인간이 아니라 새로운 인간입니다. 그 새로운 인간이란, 아직 완전히 계발되지는 않았지만 자신의 숨은 잠재력 안에 내재하는 방식으로 자신과 이 세상과 관계를 맺는 인간입니다. 이 인간의 삶은 조작적 방법으로 이루어지지 않고, 무력으로 지탱되지도 않습니다. 그의 삶은 사랑으로 이루어지며 상호 의사소통이라는 새로운 방법으로 지탱됩니다.

그러나 이런 새로운 인간은 스스로 진화하는 과정에서 나타나지 않습니다. 나타날 수도 있고 나타나지 않을 수도 있습니다. 나타나기에는 너무 늦었는지도 모릅니다. 자연뿐 아니라 문화에서도 심화되는 불균형 가운데 나타나는 자멸적인 경향은 돌이킬 수 없을 정도가 되었습니다.

하지만 혁명론자는 현 상황이 돌이킬 수 있다고 믿습니다. 인류가 완전히 자멸할 가능성이 있지만 그에 못지않게 인류가 완전히 새롭게 거듭날 가능성도 있다고 그들은 믿습니다. 혁명론자는 자신의 목적이 몇 년 뒤, 또는 몇 세대가 지난 뒤 이루어질 것이라 생각하지 않습니다. 그가 헌신하는 근거는, 자신의 생명을 포기하는 것보다는 다른 사람을 위해 주는 것이 더 좋고 자신의 행위의 가치 또한 즉각적인 결과에 달려 있지 않다는 확신에 있습니다. 그는 새로운 세상에 대한 비전에 따라 살아가며 현재의 사소한 야망들에 한눈을 팔지 않습니다. 그럼으로써 자신의 현재 상황을 초월하고 수동적인 운명론을 벗어나서 급진적 행동주의를 향해 나아갑니다.

기독교적 방법

제3의 길, 기독교적 방법이 있을까요? 예수님 안에서는 신비주의적 방법과 혁명적 방법이 서로 상반된 것이 아니라, 인간의 경험적 초월 방식의 양면이라는 확신이 강해집니다. 또한 거듭남이란 개인적인 혁명과 마찬가지라고 확신합니다.

그러므로 진정한 혁명주의자는 그 중심이 신비주의자가 되어야 하며, 신비주의자의 길을 걷는 사람들 역시 인간 사회가 지닌 모호한 속성을 벗겨 내야 할 의무가 있습니다.

신비주의와 혁명주의는 급격한 변화를 일으키려는 하나의 시도가 지닌 두 가지 측면입니다. 신비주의자는 사회 비평자가 될 수밖에 없습니다. 왜냐하면 자기 성찰을 통해 그는 병든 사회의 뿌리를 발견할 것이기 때문입니다. 마찬가지로 모든 혁명주의자는 인간으로서 자신의 상태와 직면할 수밖에 없습니다. 새로운 세계를 위해 투쟁하는 가운데, 자신의 두려움 및 거짓된 야망과도 싸우고 있다는 것을 발견할 것이기 때문입니다.

혁명주의자와 신비주의자 모두 자신이 안전하게 보호받고 싶어 하는 이기적인 욕구로부터 벗어나야 하며, 자신과 자신이 속한 세상의 끔찍한 상황을 두려움 없이 직시해야 합니다. 따라서 현대인들을 그 마비 상태에서 해방시키는 것이 우리 시대의 위대한 혁명가들과 위대한 묵상가들의 공통 관심사입니다. 그들의 성격은 아주

다를지도 모릅니다. 그렇지만 그들은 똑같은 비전을 가지고 있고 그 비전은 급진적 자기 비판과 급진적 행동주의를 야기시킵니다.

이 비전을 통해 우리는 과거와 미래의 '단절된 연계성'(broken connection)을 회복시킬 수 있고, 단편적인 이데올로기에 통일성을 부여할 수 있으며, 죽을 수밖에 없는 자아의 한계를 뛰어넘을 수 있습니다. 이 비전 덕분에 우리는 자신과 이 세상으로부터 창조적인 거리를 유지할 수 있으며, 인간이 당면한 곤경이라는 한계의 벽을 초월할 수 있습니다.

혁명주의자와 신비주의자 모두에게 삶이란 인간적 존재를 가리고 있는 장막을 걷고 명백하게 제시된 비전을 따라가는 것을 의미합니다. 이 비전을 '거룩함', '초자연적 본체'(The Numinon), '성령', '성부' 등 무엇이라 부르든, 거듭남과 혁명은 모두 피조된 우리 인간의 한계를 넘어선 원천으로부터 원동력을 얻는다고 우리는 믿습니다.

그리스도인을 위해, 예수님은 경험적 초월을 모색하는 인간에게 혁명과 회심이란 서로 분리될 수 없음을 명백히 보여 준 분입니다. 예수님은 우리 가운데 오셔서, 인간의 마음을 변화시키는 것과 인간 사회를 변화시키는 것이 별개의 과제가 아닌 십자가의 두 기둥처럼 서로 연결되어 있다는 것을 그 누구도 부인할 수 없도록 명백히 밝혀 주셨습니다.

하지만 예수님은 혁명주의자셨지만 극단주의자는 아니셨습니다. 그분은 사상을 주신 것이 아니라 그분 자신을 주셨기 때문입니다. 예수님은 신비주의자이셨지만 사회적 악을 회피하기 위해 하나님과의 친밀한 관계를 이용하지 않으셨고 오히려 반역자로서 처형을 당하심으로 주변에 충격을 주셨습니다. 이런 의미에서, 예수님은 여전히 우리를 위한 해방과 자유의 길이십니다.

단절된 세상을
부수는 것

우리는 현대를 사는 인간이 당면한 곤경이 역사적 단절, 단편화된 이데올로기, 불멸의 추구라는 것을 살펴보았습니다. 또한 자신의 한계를 초월하려는 신비주의적 방법과 혁명적 방법을 살펴보았습니다. 마지막으로 이 두 가지 방법이 서로 상반되는 것이 아니라 경험적 초월이라는 방식의 두 측면이며 예수님께서 그리스도인에게 명백히 보여 주셨다는 사실을 알게 되었습니다.

당신은 자신을 신비주의자나 혁명가로 생각하기를 주저할 것입니다. 그러나 볼 수 있는 눈과 들을 수 있는 귀가 있다면 자신 안에 신비주의자나 혁명가가 있음을 인식하게 될 것입니다. 자극적일 정도로 명확하게 드러날 때도 있고, 단지 부분적으로만 나타날 때도 있습니다.

　게릴라와 청년 급진주의자의 눈에서, 피켓을 들고 시위를 벌이는 소년의 눈에서 그들을 발견할 수 있습니다. 당신은 찻집 귀퉁이에서 기타를 치는 고요한 몽상가에게서, 친절한 수사(修士)의 부드러운 음성에서, 독서에 열중하고 있는 학생의 우수 어린 미소에서 그들을 느낄 것입니다. 아들 혼자서 힘든 길을 걸어가도록 두는 어머니에게서, 자녀에게 색다른 책을 읽어 주는 아버지에게서, 어린 소녀의 커다란 웃음소리에서 그들을 보게 될 것입니다.

　당신이 사는 동네에서, 당신의 가족 가운데서, 심지어는 당신의 마음속에서 벌어지고 있는 투쟁 가운데서도 그들을 발견할 것입니다. 자신의 삶에 서서히 나타나서 새로운 세계로 이끌어 주는 비전으로부터 힘을 얻는, 모든 사람 안에 그들이 존재하기 때문입니다.

　새로운 세계에 대한 비전, 그것이 바로 우리가 꿈꾸는 것이고 우리의 행동을 이끌어 주는 것입니다. 그것이 우리로 하여금 커다란 위험 부담을 감수하고라도 언젠가 인간이 자유로워지리라는 확신, 곧 자유롭게 사랑하리라는 확신을 가지고 나아가게 합니다.

The Wounded Healer

Chapter 2

'뿌리 없는 세대'를 위한 사역

도망하는
젊은이들의 눈을
들여다보다

오늘날 펼쳐지고 있는 기독교 사역에 대해 논의하기에 앞서, 그 논의에 관한 올바른 기조를 설정하기 위해 짧은 이야기를 하겠습니다.

어느 날 젊은 도망자 한 명이 적의 눈을 피해 숨으려고 조그만 마을에 왔습니다. 마을 사람들은 도망자에게 친절히 대해 주었고 잠을 잘 수 있는 장소까지 제공해 주었습니다. 그러나 도망자를 찾는 병사들이 와서 그가 어디에 숨어 있는지 묻자 마을 사람들은 모두 겁에 질렸습니다. 병사들은 동트기 전까지 도망자를 내놓지 않으면 마을에 불을 지르고 마을 사람을 모두 죽이겠다고 협박했습니다.

마을 사람들은 목사를 찾아가서 어떻게 해야 할지 물어보았습니다. 목사는 그 젊은이를 적에게 넘겨주어야 할지, 아니면 마을 사람들이 다 죽게 두어야 할지 고심하다가 혼자 방으로 들어가 성경을 읽으며 동트기 전에 해답을 얻을 수 있기를 바랐습니다. 꽤 시간이 흘러 새벽녘이 되었을 무렵, 목사는 말씀 한 구절을 보게 되었습니다.

"온 민족이 멸망하는 것보다 한 사람이 죽는 편이 낫다."

목사는 성경을 덮고 병사들을 불러 그 젊은이가 어디에 숨어 있는지 알려 주었습니다. 병사들이 도망자를 끌고가 죽인 뒤 마을에서는 축제가 벌어졌습니다. 목사가 마을 사람들의 목숨을 구했기 때문입니다. 그러나 목사는 함께 기뻐하지 않았고, 깊은 슬픔에 잠긴 채 자신의 방에 틀어박혀 있었습니다.

그날 밤 한 천사가 그에게 찾아와 물었습니다.

"너는 무슨 일을 했는가?"

"저는 그 도망자를 적군에게 넘겨주었습니다."

"네가 메시아를 넘겨주었다는 사실을 모르는가?"

그러자 목사는 괴로워하며 반문했습니다.

"제가 무슨 수로 그것을 알 수 있었겠습니까?"

그러자 천사가 말했습니다.

"성경을 읽는 대신, 단 한 번이라도 그 젊은이를 찾아가 그 눈을 들여다보았다면 그 사실을 알았을 것이다."

매우 오래된 이야기지만 최근의 이야기처럼 느껴집니다. 목사가 성경에서 눈을 돌려 젊은이의 눈을 들여다봤다면 그가 바로 메시아라는 사실을 알 수 있었을 것입니다. 그렇듯이 우리는 우리의 잔학한 처사들을 피해 달아나는 이 시대 젊은이들의 눈을 들여다보아야 합니다. 그렇게 한다면 그들을 적에게 넘겨주지 않을 것이며, 그들을 그 은신처에서 데리고 나와 그들이 속한 사람들에게로 인도할 수 있을 것입니다. 그렇게 되었을 때, 우리는 두려움에서 해방될 것입니다.

여기서 우리는 두 가지 질문에 직면하게 됩니다. 첫 번째 질문은, 내일의 세대가 오늘에는 어떤 모습으로 나타나느냐입니다. 두 번째 질문은, 우리가 내일의 세대를 어떻게 인도해야 그들이 그들 세대 사람들을 구할 수 있는가입니다.

내일의
세대

만약 라이즈만(Riesman)이 말한 대로 오늘의 세대가 고독한 군중 (lonely crowd)에 속한 익명의 일원들이라면, 내일의 세대는 이 고독한 군중의 자녀들이 될 것입니다. 젊은이들의 눈을 들여다보면 그들의 세계가 어떤 것인지 실루엣이라도 살짝 엿볼 수 있습니다.

내일의 크리스천 리더십은 내일의 세대가 공통적으로 갖는 적어도 세 가지 특징 곧 내향성(inwardness), 아버지의 상실(fatherlessness), 그리고 강박성(convulsiveness)에 의해 결정될 것입니다. 내일의 사역자는 그가 숙고하거나 계획을 세울 때, 이 특징들을 진지하게 고찰해야 합니다.

그러므로 우리는 내일의 세대를 내향적 세대, 아버지 상실 세대, 그리고 강박적 세대라고 부를 수 있습니다. 이 특성이 다음 세대를 좀 더 깊이 이해하는 데 어떤 도움을 줄 수 있는지 살펴보겠습니다.

내향적 세대

1969년 10월에 발간된 "오늘의 대학생 세대에 대한 연구 보고서"에서 제프리 하텐(Jeffrey K. Hadden)은 다가올 세대(the coming generation)의 특성을 묘사하는 가장 적절한 말은 '내향적 세대'(The inward generation)라고 했습니다. 이 세대는 개인적인 것에 절대 우위를 부여하는 세대이며, 자아 속으로 움츠러드는 경향이 두드러지게 나타납니다.

한편 젊은이들은 피켓을 들고 항의하며 토론 집회(teach-ins: 사회적인 항의를 위한 대학생과 교수 간의 장시간에 걸친 토론 집회-역주), 연좌 농성, 가두시위, 동맹 파업 등을 나라 전역에서 펼치는 극단적인 행동주의자로 여기며, 스스로도 자신이 내향적이라고는 전혀 생각하지 않을 사람들은 젊은이들이 내향적이라는 이야기에 놀랄 것입니다.

그러나 첫인상이 항상 정확한 것은 아닙니다. 암스테르담에 있는 유명한 청소년 센터에서 최근에 전개되었던 일을 소개하겠습니다. 암스테르담에는 최근까지 '환타지오'(Fantasio)라는 청소년 센터에 수천 명에 달하는 청소년들이 전 세계에서 모여들었습니다. 그 센터의 환각적이고 몽상적인 분위기 때문이었습니다.

환타지오에는 작고 아늑하며 현란한 색깔의 방들이 여러 개 있었습니다. 그 방들 안에는 낡은 예복의 조각들을 이어 만든 다양한 색깔의 옷을 입고 장발에다 턱수염을 길게 기른 젊은이들이 앉아서, 조용히 담배를 피우고 향을 맡으며 온몸에 젖어드는 락 음악에 도취되어 있었습니다.

그러나 지금은 달라졌습니다. 젊은 지도자들은 환각적인 모든 요소들을 없애고 매우 건전한, 심지어 엄숙한 분위기마저 풍기는 곳으로 센터를 개조했습니다. 그리고 그들은 그 센터의 이름을 '환타지오'에서 '코스모스 명상 센터'(Meditation Center the Kosmos)로 개칭했습니다. 그들이 발행하는 신문의 창간호에서 그들은 이렇게 썼습니다.

긴 머리를 자르고, 턱수염을 깎고, 복장을 단정히 하십시오. 이제 진지해져야 할 때가 되었기 때문입니다.

'정신 집중', '심사숙고', '명상'이 그곳을 대표하는 핵심 단어가 되었습니다. 요가 수행자들이 보디 컨트롤에 대한 강의를 하고, 둘러앉아 장자와 동양의 신비주의에 대해 여러 시간에 걸쳐 대화를 나누기도 합니다. 근본적으로 그곳 사람들은 모두 자신의 내면으로 향하는 길을 찾으려 노력하고 있습니다.

우리는 이 그룹의 행동을 현대 사회에 흔히 나타나는 하나의 현상, 즉 주변부의 기행 정도로 치부해 버리기 쉽습니다. 그러나 제프리 하덴은 이 행동이 훨씬 더 일반적이고 근본적이며 영향력 있는 어떤 것의 징후라고 주장합니다. 그런 행동을 하는 사람들은 '바깥'이나 '위'에 붙잡을 만한 것이나, 불확실성과 혼란으로부터 그들을 이끌어 줄 것이 전혀 없다고 확신합니다. 어떤 권위나 제도, 외적이며 확고한 어떤 실체도 그들의 불안과 고독을 덜어 주거나 그들을 자유롭게 해 줄 힘이 없습니다.

그러므로 그들에게 남은 길은 내면으로 향하는 것이 유일합니다. '바깥 어딘가' 또는 '위 어딘가'에 아무것도 없다면, '내면 어딘가'에는 무언가 의미 있고 확실한 것이 있을지도 모른다고 그들은 생각합니다. 가장 개인적인 자아의 내면 깊숙한 곳에 있는 무언가가 의미, 자유, 그리고 연합의 신비에 대한 열쇠를 쥐고 있을지 모른다고 생각하는 것입니다.

독일의 사회학자 셸스키(Shelsky)는 우리 시대를 일컬어 '끊임없는 반성의 시대'라고 했습니다. 어떻게 생각해야 하고 무엇을 해야 할지를 어떤 분명한 권위가 알려 주는 대신, 이 끊임없는 반성이 우리 존재의 한가운데 자리잡았습니다. 인간은 원칙적 신조를 자기 내면의 의식에서 찾아내 그것을 자기 이해의 원천으로 삼아야 합니다. 셸스키에 따르면, 현대인의 정신은 끊임없는 자아 성찰의 상태에 있으며 자기 개인의 중심까지 더 깊이 들어가려고 합니다.

그렇다면 이것은 어떤 결과를 낳겠습니까? 내향적이며 자아 성찰적인 이 세대에는 어떤 사람들이 나오겠습니까? 제프리 하덴은 다음과 같이 기술합니다.[9]

전망은 불길하면서도 희망적이다. 만약 젊은이들이 자아를 찾기 위해 내향적이 되는 것이 단지 민감하고 정직한 사람이 되려는 움직임의 발단이라면, 그들에 대한 이 사회의 자유로운 신뢰는 옳은 것으로 판명될 것이다. 그러나 현재 젊은이들이 보여 주는 내향성의 분위기와 형태는 사회적 규범이나 전통의 제약을 받지 않으며, 타인에 대한 의무를 실행한다는 개념이 거의 없는 것으로 보인다.

제프리 하덴은 내향적 세대가 명상적인 삶을 복구하거나 새로운 형태의 수도 생활을 시작하려 한다고 결코 생각하지 않았습니다. 그의 자료에 따르면 이 내향성은 결국 개인주의가 될 수 있고, 이 개인주의는 반권위주의적이고 반제도적일 뿐만 아니라 자기중심적이며 물질적 안락함 및 욕구와 욕망의 즉각적 만족에 아주 관심이 많습니다.

그러나 내향성이 반드시 개인주의가 되는 것은 아닙니다. 자아의 가장 깊은 곳에서 발견된 새로운 실체가 "사회를 변혁시키기 위한 헌신으로 빚어질 수도 있습니다." 다가올 세대의 내향성은 고차원적인 위선이 될 수도 있고, 보이지 않는 영역의 실체를 발견하여 새로운 세계를 창조하는 계기가 될 수도 있습니다. 어느 쪽이 되느냐는 이 내향적 세대를 향해 어떤 사역을 하느냐에 따라 크게 좌우

됩니다.

아버지 상실 세대

자신을 '아버지'라고 부르거나 타인에 의해 그렇게 불리는 많은 이들, 곧 성부 하나님부터 많은 대수도원장과 수천 명의 신부에 이르기까지 좋은 소식을 전하려는 아버지들이 알아야 할 사실이 있습니다. 오늘날 그 말을 가장 듣고 싶어 하지 않는 사람이 바로 아버지 자신이라는 사실입니다. 부모는 있지만 아버지는 없는 세대와 우리는 맞닥뜨렸습니다. 이들 사이에서는 나이가 많다고, 좀 더 성숙했다고, 좀 더 똑똑하다고, 힘이 더 세다는 이유로 권위를 주장하는 사람들이 처음부터 신뢰받지 못합니다.

사람의 신분, 그리고 그의 인격과 능력이 하늘에 계신 아버지에 의해 주어졌던 시대가 있었습니다. 지금도 그런 시대의 자취를 가끔 주위에서 봅니다. 나보다 위에 있는 사람이 내 어깨를 두드리며 격려해 줄 때 나는 잘하고 있는 것입니다. 권위를 가진 어떤 사람이 내게 좋은 점수를 줄 때, 나는 총명한 것입니다. 유명한 대학에서 유명한 교수의 지적인 자녀로 공부할 때, 나는 중요한 존재입니다. 간단히 말해서, 많은 나의 아버지 가운데 한 분이 나를 어떻게 여기는가가 바로 나인 것입니다.

그러나 앞으로의 세대가 이러한 것을 거부하리라는 것은 예측 가능한 일이었습니다. 사람의 가치는 아버지들로부터 받은 것에 달려 있지 않고 그 사람 자신이 만들어 가는 것이라고 우리가 가르쳐 왔기 때문입니다. 우리는 이런 현상을 예견했어야 합니다. 왜냐하면 신앙은 수세기 동안 전해 내려온 전통을 받아들이는 것이 아니라 우리의 내면에서 우러나오는 태도라고 말해 왔기 때문입니다. 인간이 자유롭게 자신의 미래, 자신의 일, 그리고 자신의 배우자 등을 선택할 수 있다고 말해 온 이후로 이런 현상을 예견했어야 합니다.

오늘날 어른들, 즉 아버지들의 세계에서 일어나는 핵전쟁, 인간을 괴롭히는 빈곤, 수백만의 기아 앞에 무기력한 그들의 모습을 바라보며 내일의 세대들은 아버지들이 더 오래 살았다는 이유만으로 자신들에게 무언가를 얘기하는 것은 옳지 않다고 생각하게 되었습니다. 영국의 한 락 그룹은 이렇게 외칩니다.[10]

예언자들이 글을 써 놓은 벽은 틈이 갈라지고 있으며
죽음의 기계 위에는 태양이 밝은 빛을 비춘다.
모든 사람은 악몽과 꿈 가운데 헤매는구나.
월계관 씌워 줄 사람 하나 없으니
그들의 절규는 적막함 속에 묻히리라.

이것이 바로 다가올 세대의 시각입니다. 그들은 위로부터 아무 것도 기대할 수 없다는 것을 압니다. 성인들의 세상을 바라보며 그들은 이렇게 말합니다.[11]

> 나는 바깥에서 안을 들여다보네.
> 무엇이 보이지?
> 큰 혼란과 환멸이 나를 둘러싸고 있구나.
> 당신은 나를 소유하지 못해, 당신은 내게 감동을 주지 못해.
> 단지 나를 화나게 할 뿐이야.
> 당신은 나를 가르치거나 내게 명령할 수 없어.
> 뿌리 없는 세대를 위한 사역
> 내 시간만 뺏을 뿐이야.

그들에게 남은 길은, 아버지를 자랑스러워하지도 경멸하지도 않고 홀로 아버지가 되어 보는 것입니다. 그들은 자신들이 더 잘할 것이라고 말합니다. 그렇지만 그들의 마음속 깊은 곳에는 완패할 지도 모른다는 두려움이 자리잡고 있습니다. 그러나 어쨌든 그들은 자신들의 눈앞에서 실패하는 모습을 보여 준 사람들을 믿기보다는 자신이 실패하는 것을 선호합니다.

다음에 소개하는 노래 가사는 다가올 세대의 모습을 보여 주고

있습니다.[12]

> 내 묘비에는 혼란이라고 새겨질 것이며
> 나는 갈라지고 무너진 길을 기어간다.
> 성공하면 모두 편안히 앉아 웃을 수 있다.
> 하지만 울게 될지 모를 내일이 난 두렵다.
> 그래, 울게 될지 모를 내일이 두렵다.

그러나 아버지들을 거부하는 이 세대, 권위를 주장하는 사람들, 제도의 적법성을 거부하며 두려워하고 있는 이 세대는 새로운 위험성에 직면하고 있습니다. 그 자신의 포로가 되는 것입니다. 데이비드 라이즈만(David Riesman)은 이렇게 말합니다.

> 어른의 권위가 무너짐에 따라 젊은이들은 더욱더 서로의 포로가 되고 있다. … 어른의 통제가 사라지면서 젊은이들 상호간의 통제가 강화되고 있다.[13]

아버지 대신 또래가 기준이 됩니다. 성인 세계 권력자들의 명령, 기대, 그리고 불만에는 전혀 관심을 보이지 않던 많은 젊은이들이 동료들이 자신에 대해 어떻게 느끼고 어떻게 생각하며 어떻게 말하는가에 대해서는 상당히 민감하게 반응합니다. 어른들이 자신들을 불량배나 기성 사회의 이탈자로 보는 것에 개의치 않았는데 자신들이 속하고 싶은 또래 집단에서 따돌림을 당하는 것은 견디기 힘들어하며, 심지어 또래의 일방적 횡포에 볼모가 되기도 합니다.

어른들이 볼 때 그들은 냉담하고 무관심하며 심지어 상스럽습니다. 그러나 냉담함은 종종 치밀하게 계산된 것이며, 무관심은 거울을 보며 연구한 것이며 더러운 외모는 또래들을 면밀히 모방한 것일 때가 많습니다.

그러나 아버지가 다스리는 것은 또래가 다스리는 방식과 다릅니다. 아버지를 따르지 않는 것은 또래들의 기대를 저버리는 것과는 매우 다릅니다. 전자는 불순종을 뜻하고, 후자는 불순응을 뜻합니다. 전자는 죄의식을, 후자는 수치심을 갖게 합니다. 이런 관점에서 볼 때, 다가올 세대의 문화는 죄의식 문화(a guilt culture)에서 수치심 문화(a shame culture)로 뚜렷하게 전환됩니다. 이 전환은 매우 큰 결과를 초래합니다.

만약 젊은이들이 어른이 되어 아버지의 자리를 이어받고 싶어하지 않는다면, 만약 젊은이들의 주된 관심사가 동료에게 순응하는 것이라면, 우리는 미래 지향적 문화의 종말 또는 신학적 용어로 종말론(eschatology)의 종국을 보게 될지 모릅니다. 그렇게 되면 안전한 곳을 떠나 거할 곳이 많은 아버지의 집으로 여행을 떠나고자 하는 소망을 더 이상 찾아볼 수 없을 것이며, 약속의 땅에 도달하고자 하는 소망이나 탕자를 기다리고 계시는 분을 만나려는 소망도 없을 것이며, 하늘 보좌의 좌우편에 앉고자 하는 야망도 없을 것입니다. 그러면 현재에 안주하고, 자신이 속한 작은 집단과 보조를 맞추며 그들과 함께 있는 것이 중요합니다. 이는 현상 유지를 절대적으로 지지하는 사조입니다.

다가올 세대에 이런 측면이 있다는 사실은 내일의 기독교 지도자에게 중요한 문제를 제기합니다. 여기서 우리는 다가올 세대가 지닌 세 번째 측면, 즉 강박증을 주의 깊게 살펴봐야 합니다. 만약 그렇게 하지 않는다면, 기독교 지도자가 지녀야 할 기초에 대해서 우리는 온전히 이해하지 못하게 됩니다.

강박적 세대

다가올 세대가 지닌 내향성과 아버지 상실의 특성을 놓고 생각해 볼 때, 그들 세계의 미래는 조용하고 자기만족적인 것이라고 기대할지도 모릅니다. 다시 말해 거기에서는 사람들이 자신에게 몰두하며, 자신이 속한 조그만 내부 집단에 순응하려고 힘쓸 것이라고 기대할 것입니다.

그러나 다가올 세대의 그런 특성은 그들이 자신이 속한 사회에 대해 마음속 깊은 곳에 불만을 품고 있다는 사실과 밀접하게 관련되어 있음을 알아야 합니다. 많은 젊은이가 그들이 살고 있는 세상이 뭔가 심각하게 잘못되었으며, 그들이 기존의 존재 양식을 따르는 것은 자신을 배반하는 것이라고 확신합니다. 불안하고 신경과민에다 정신을 집중할 수 없고, 점점 심해지는 우울증으로 고통받는 사람들을 도처에서 보게 됩니다.

그들은 무엇이 잘못됐는지 알고 있지만 효과적인 대안이 없습니다. 그러므로 좌절감에 빠지고, 종종 그 좌절감은 명확한 목적 없이 파괴를 행하는 맹목적인 폭력이나 세상을 벗어나서 자살을 행하는 방식으로 표출되기도 합니다. 그리고 그 두 가지 모두 새로운 이상을 추구하는 과정에서 나타나는 것이 아니라 오히려 저항의 표시라고 할 수 있습니다.

착취당하던 나라 비아프라(Biafra: 나이지리아 동부의 주, 1967-1970년에 일시 독립을 선언했으나 결국 독립 계획이 수포로 돌아감)의 항복 직후, 프랑스에서는 로베르(19세)와 레지(16세)라는 두 명의 고등학생이 분신자살을 했습니다. 그 사건은 많은 또래들을 그러한 자살로 유도했습니다.

그들의 부모님, 목사님, 선생님, 그리고 친구들과의 인터뷰에서 놀라운 사실이 드러났습니다. 감수성이 풍부했던 두 학생은 인류의 참혹한 현실에 대해, 그리고 더 나은 세상에 대한 믿음을 전혀 제시하지 못하는 어른들의 무능함에 대해 몹시 고민하며 괴로워했다는 사실입니다. 그들은 그런 현실에 대한 최후의 저항으로 분신 자살을 선택했던 것입니다.

지금 소개할 한 학생의 편지는 그러한 학생들의 마음속 깊은 곳에 깔려 있던 느낌을 좀 더 명확히 이해하는 데 도움이 될 것입니다. 이 편지를 쓴 학생은 학업을 중단했고 아직도 새로운 세상을 찾으려 하고 있습니다. 1970년 1월 1일에 어머니에게 보낸 편지입니다.

사회는 제게 자유롭지 않은 삶을 강요하고 가치가 아닌 가치들을 요구합니다. 저는 지금의 사회 전체를 거부합니다. 그러나 함께 살아가는 사람들에게 동정심을 느끼기 때문에 대안을 찾으려고 합니다. 저는 인간의 의미를 발견하고, 생명의 원천을 찾으려고 합니다. 교회에 다니는 사람들은 그 원천을 '하나님'이라고 부르죠. 제가 자아실현을 하기 위해 힘든 길을 가고 있다는 것은 아시겠죠? 사람들은 소위 '정상적 성장'(normal development)이라는 것에 보조를 맞추어 제가 행동하기를 바라지만 저는 그들이 바라는 대로 한 적이 거의 없으며, 저는 그러한 사실이 자랑스럽습니다. 저는 관습과 전통, 그리고 이웃의 이야기에 얽매여 살아가는 고지식한 사람으로 인생을 마치고 싶지 않아요.

내가 보기에, 이 편지는 요즘 젊은이들이 어떤 생각으로 살아가는지 실감나게 표현한 것 같습니다. 그들은 자신들이 살고 있는 세상에 대한 근본적인 불만과 그 세상을 변화시키고 싶은 욕망을 가지고 있습니다. 그러나 한편으로 그들은 부모 세대가 했던 것보다 그들 자신이 더 잘할 수 있을지에 대해서는 매우 회의적입니다. 그들에게는 비전이나 사물을 바라보는 안목이 절대적으로 부족합니다.

이런 틀을 바탕으로 볼 때, 젊은이들이 엉뚱하며 방향성이 없는 행동을 하는 이유를 알 수 있습니다. 자신이 마치 덫에 걸린 동물 같다고 느끼는 사람은 위험하며 파괴적일 수 있습니다. 자신이 직면한 공포에 사로잡혀 방향성 없이 행동하기 때문입니다.

기득권을 쥐고 있는 사람들은 젊은이들의 이런 강박적 행동을 종종 오해합니다. 반항하는 젊은이들에게서 이 사회를 보호해야 한다고 생각합니다. 젊은이들이 강박적 행동을 하는 것은 그들의 내면에서 두 가지 생각이 서로 갈등하고 있기 때문이라는 사실을 이해하지 못한 채 말입니다. 그리고 젊은이들에게 창조적 기회를 제공하기보다 그들의 행동을 극단적으로 해석함으로써, 가치 있는 것과 가치 없는 것들을 단지 알아내려는 젊은이들을 더 소외시킵니다.

이와 유사하게, 젊은이들에게 동정적인 어른들도 젊은이들의 동기를 오해합니다. 캠퍼스 내의 급진적인 학생들에 대한 글에서 라이즈만은 이렇게 말합니다.[14]

… 구식이라거나 고지식하다는 평을 두려워하는 성인들은 젊은 이들 내면에 두 가지 상반된 생각이 갈등하고 있음을 알지 못하고 급진적인 젊은이들의 편을 들어 줌으로, 오히려 젊은이들에게 도움을 주지 못하고 젊은이들이 또래 집단으로부터 받는 압력만을 가중시킵니다. 자신들의 편에 서 주었던 관대한 교수진에게 많은 학생이 보답하지 않고 적의를 품는 것을 볼 때, 자신들이 상당히 학생들의 편에 서 있다고 생각하던 교수진들도 반발하게 될 것입니다.

다가올 세대는 자신을 헌신할 수 있는 비전과 이상을 필사적으로 찾고 있습니다. 그것을 '믿음'이라고 할 수도 있을 것입니다. 그러나 그들이 사용하는 격렬한 언어 때문에 오해를 받아 그들의 얘기는 삶의 대안을 찾자는 호소라기보다는 위협이나 완강한 확신으로 여겨집니다.

내향성, 아버지 상실, 강박증 등 오늘날 젊은이들의 이 세 가지 특징들은 다가올 세대가 어떠할지 우리에게 알려 줍니다. 이제, 내일의 세계에서 기독교 지도자가 되고자 하는 사람이 가져야 할 것이 무엇인지 알아보겠습니다.

내일의
지도자

앞으로의 기독교 사역을 전망해 보면 관심있게 지켜봐야 할 지도자의 역할은 세 가지인 것 같습니다. 내면에서 일어나는 일들을 정확하게 표현하는 지도자, 긍휼의 사람으로서의 지도자, 묵상하는 비평가로서의 지도자가 바로 그 세 가지입니다.

내면에서 일어나는 일들을 정확하게 표현하는 사역자

내향적인 사람들은 새롭고도 종종 드라마틱한 임무에 봉착합니다. 자신의 내면에서 이루어지는 사건들을 언어로 표현하는 역할입니다. '바깥'이나 '위'에 계신 하나님은 많은 세속적 조직 속에 묻혀 점점 희미해지고 있습니다.

따라서 이제는 내면에 계신 하나님께 어느 때보다도 더 많은 주의를 기울여야 합니다. 그리고 외부에서 경험하는 하나님이 사랑의 아버지로 다가올 뿐 아니라 무시무시한 악마로 느껴질 수 있는 것처럼, 내면에 계신 하나님은 새로운 창조적 생명의 원천일 뿐 아니라 태초의 혼돈처럼 엄청난 혼돈의 원인일 수 있습니다.

스페인의 신비주의자인 아빌라의 성 테레사(St. Teresa of Avila)와 십자가의 성 요한(St. John of the Cross)은 자신들을 옳은 길로 이끌고, 창조적 영과 파괴적 영을 구분할 수 있는 영적 지침이 없었다는 것에 큰 불만을 가졌습니다.

내적인 삶을 실험하는 것이 얼마나 위험할 수 있는지에 대해서는 두말할 필요가 없을 것입니다. 마약은 다른 다양한 정신 집중 방법과 자기 자신 안으로 침잠하는 것처럼 유익보다는 해가 더 많습니다. 반면에 보이지 않는 세계와의 고통스러운 만남을 회피하는 사람들은 교만하고 지루하며 피상적인 삶을 살 수밖에 없다는 것 또한 분명한 사실입니다.

그러므로 내일의 사역자에게 우선적으로 요구되는 가장 근본적인 과제는 사람들이 새로운 내적 세계에 발을 들여놓을 때 직면할 수 있는 엄청난 혼란을 해소하는 것입니다. 안타깝게도 대부분의 기독교 지도자들은 진정한 의미의 영적 지도자가 될 준비가 잘 되어 있지 않습니다.

그들은 대부분 대규모 조직의 관점으로 생각하는 데 익숙합니다. 사람들을 교회, 학교, 병원 등에 불러 모으는 일에 익숙하고, 서커스 감독처럼 쇼를 진행하는 데 익숙합니다. 그러나 깊고 의미심장한 영적 움직임에는 익숙하지 않으며, 두려워하기까지 합니다.

교회의 가장 기본적인 임무는 인간 생명의 원천과 교제하는 창조적 방법들을 사람들에게 제시하는 것입니다. 그러나 수십 년 뒤에는 교회가 이 일에 실패했다는 비난을 받을지도 모릅니다.

그러면 이러한 위험성을 어떻게 막을 수 있을까요? 무엇보다도 우선적인 처방은 우리가 존재의 중심으로 들어가서 우리 내면의 삶에서 이루어지는 복잡한 일에 익숙해지는 것입니다. 자신의 내면세계에서 편안함을 느끼며, 어두운 구석뿐 아니라 밝은 장소를 문이 닫힌 방뿐 아니라 통풍이 잘되는 열린 방을 발견하는 순간 혼란은 사라지고 근심은 작아질 것이며 창조적인 일을 할 수 있을 것입니다.

여기서 핵심이 되는 말은 '정확한 표현'입니다. 자기 내면의 삶에서 일어나는 움직임을 정확히 표현할 수 있고, 자신의 다양한 경험에 구체적으로 이름을 붙여 이해하고 설명할 수 있는 사람은 더 이상 자아의 희생자가 되지 않습니다. 그는 성령님께서 내면에 들어오시는 것을 방해하는 장애물들을 천천히 그리고 꾸준히 제거할 수 있습니다. 그래서 자신보다 더 넓은 마음을 가졌으며 더 많은 것을 볼 수 있는 눈을 가졌고 더 많이 치유할 수 있는 손을 가지신 분이 거하실 내면의 공간을 마련할 수 있습니다.

이 정확한 표현이야말로 미래의 영적 지도자가 지녀야 할 기본 자질이라고 나는 믿습니다. 자신의 경험을 정확하게 표현할 수 있는 사람만이 다른 사람에게도 정확한 원천이 될 수 있기 때문입니다. 기독교 지도자는 무엇보다도 먼저 자신의 신앙을 정확하게 표현함으로써, 도움이 필요한 이들이 그것을 마음껏 쓸 수 있도록 해야 합니다. 이런 의미에서 기독교 지도자는 종들을 섬기는 종입니다. 그는 약속되었지만 위험이 도사리는 땅에 먼저 들어가서 두려워하는 다른 사람들에게 자신이 보고 듣고 만져 본 것들을 먼저 말해 주는 사람이기 때문입니다.

매우 이론적인 얘기로 들릴지 모르지만 그 구체적 결과는 분명합니다. 사역자의 역할은 목회적 대화, 설교, 가르침, 교회 의식 등과 같은 모든 성직 활동을 통해서 사람들이 자신 속에서 역사하시는 하나님을 인식하도록 실제적으로 도와주는 일입니다. 기독교 지도자인 목회자나 사제는 자신이 사역하는 사람들에게 하나님을 계시하거나, 그가 가지고 있는 뭔가를 아무것도 가지고 있지 않은 사람에게 주는 것이 아닙니다. 다만 그들 존재의 근원을 찾는 사람들을 도와주는 것입니다. 이런 의미에서, 기독교 지도자는 인간은 인간이고 하나님은 하나님이며, 하나님 없이는 인간이 인간으로 불릴 수 없다는 근본적인 신앙 고백을 하도록 이끌어 줍니다.

이런 맥락에서 목회적 대화는 능숙한 대화술로 사람들을 조작하여 그들을 하나님의 왕국으로 끌어들이는 것이 아닙니다. 그것은 사람 대 사람의 깊은 만남이며, 그 만남에서 목회자는 자신의 믿음과 의심, 희망과 절망, 빛과 어두움을 다른 사람들에게 기꺼이 내놓아 그들이 자신의 혼란을 헤치고 자신의 확고한 생명의 중심에 도달할 수 있도록 돕는 것입니다.

그러므로 설교란 하나의 전통을 전달하는 것 이상의 의미를 지닙니다. 공동체에서 일어나는 일을 주의 깊고 세심하게 분명히 말함으로써 듣는 사람들에게 이런 말을 듣는 것입니다. "내가 추측하고 있던 바를 말씀하시는군요", "내가 막연하게 느끼던 것을 표현하셨어요", "두려움 때문에 마음 뒷전에 감추고 있던 것을 앞으로 끌어내셨어요", "예, 정말 그렇습니다. 우리가 누구인지를 말해 주셨고, 우리의 상태를 알고 계십니다" 등등 말입니다.

설교를 듣고 있는 사람들 중 누군가 이렇게 얘기할 수 있다면, 다른 사람들도 하나님의 말씀을 받아들일 수 있는 기반이 형성된 것입니다. 그렇게 되면 어떤 사역자도 사람들이 하나님의 말씀을 받아들일 것인지 걱정할 필요가 없습니다! 특히 두려워하면서 한편으로는 무엇인가를 소망하면서 도망가던 젊은이들이 이제는 그럴 필요가 없습니다. 이제 그들을 인도하는 사람의 얼굴에서 자신의 모습을 볼 수 있습니다. 과거에는 낯설고 이상한 세상 이야기처럼 들렸던 구원에 대한 말이 이제 이해가 됩니다.

따라서 가르침이란 옛 이야기를 계속 반복하는 것이 아닙니다. 가르침은 사람들이 자신을 발견하고 자신의 경험을 정확히 하며, 하나님의 말씀이 확고하게 자리할 수 있는 공간을 발견하도록 통로를 만들어 주는 것입니다.

성찬식 또한 단순한 의식 이상의 의미가 있습니다. 성찬식의 인도자가 기쁨과 슬픔이 서로 근접해 있는 성찬식의 공간을 삶과 죽음 모두를 기뻐할 수 있는 공간으로 부를 수 있을 때, 성찬식은 참된 기쁨의 의식이 될 수 있습니다.

미래의 기독교 지도자가 우선적으로, 또 가장 기본적으로 해야 할 임무는 사람들을 혼돈의 땅에서 불러내 소망의 땅으로 인도하는 것입니다. 미래의 기독교 지도자는 먼저 자신의 내면에 존재하는 새로운 땅을 탐험하며, 자신이 발견한 것들을 내향적 세대를 섬기기 위해 명확하게 표현할 수 있는 용기를 지녀야 합니다.

긍휼의 사역자

'정확하게 표현하는 것'을 지도자가 지녀야 할 자질의 하나로 언급함으로써 우리는 미래의 지도자가 서 있어야 할 자리를 이미 제시했습니다. 그곳은 '위쪽 어딘가'의 멀리 떨어지거나 은밀히 감춰진 곳이 아니라, 사람들 한가운데 가장 잘 보이는 곳이어야 합니다.

미래 세대가 내향적 세대로서 정확한 표현을 요구할 뿐만 아니라, 아버지를 상실한 세대로 새로운 종류의 권위를 찾고 있다는 것을 안다면 이제 이 권위의 본질이 어떤 것인지 알아보아야 합니다. 그 권위의 본질을 표현하기 위해 '긍휼'(compassion) 보다 더 적합한 말을 찾기 어려운 것 같습니다. 긍휼은 그런 권위의 핵심이자 본질이 되어야 합니다. 그래서 기독교 지도자는 미래 세대를 위한 하나님의 사람입니다. 기독교 지도자는 먼저 인간을 향한 하나님의 긍휼의 마음, 예수 그리스도를 통해 하나님이 보여 주었던 바로 그 긍휼의 마음을 사람들이 신뢰하도록 만들 수 있어야 합니다.

긍휼히 여기는 사람은 사람들 한가운데 있으면서도 무리 지으려는 세력에 사로잡히지 않습니다. 그것은 긍휼을 통해 연민이 만들어 내는 거리감뿐 아니라 공감이 자아내는 배타성을 거부할 수 있기 때문입니다. 우리의 존재 한가운데서 하나님은 하나님이시고 인간은 인간이라는 사실뿐 아니라, 우리의 이웃이 진정 우리의 동료라는 사실을 발견할 때 긍휼히 여기는 마음이 생깁니다.

긍휼히 여기는 마음을 가졌을 때 우리는 사랑에 대한 갈망과 세상에 만연해 있는 잔인함이 자신의 충동 속에도 뿌리내리고 있음을 인식할 수 있습니다. 또한 긍휼히 여기는 마음을 통해 친구의 눈 속에서 용서를 바라는 자신을 발견할 수 있고, 친구의 신랄한 얘기 속에서 증오심을 느끼는 자신을 발견할 수 있습니다. 살인을 저지른 사람들을 보면 우리도 그럴 수 있었다는 것을 깨닫습니다. 자신의 생명을 바치는 사람들을 볼 때, 자신도 똑같은 일을 할 수 있다는 것을 깨닫습니다. 긍휼히 여기는 사람에게는 인간에 속한 모든 것이 낯설지 않습니다. 곧 어떤 기쁨이나 슬픔도, 어떤 삶의 방식이나 죽음의 방식도 그에게는 이질적으로 여겨지지 않습니다.

이러한 긍휼에는 권위가 있습니다. 왜냐하면 그 긍휼이 내부 집단의 압력을 받아들이지 않고 언어와 국가, 부와 가난, 교육을 받은 자와 무지한 자 사이의 경계를 무너뜨리기 때문입니다. 또한 긍휼은 당파를 만드는 무서운 행위로부터 사람들을 이끌어내, 모든 사람이 서로 이웃이 될 수 있는 넓은 세계로 그들을 이끌어 줍니다.

그러므로 긍휼의 권위는 인간이 형제를 용서할 수 있도록 해 줍니다. 친구의 약점이나 적의 죄악을 자기 자신 안에서도 발견하고, 모든 인류를 기꺼이 형제라 부르려고 하는 사람만이 용서할 수 있기 때문입니다. 아버지를 상실한 세대는 자신의 두려움과 근심을 없애 주고, 자신의 좁은 마음의 문을 열어 주며, 용서가 인류에게 주어진 가능성이라는 것을 보여 주는 형제들을 찾습니다.

용서가 갖는 가능성을 지적해 주는 긍휼의 사람은 사람들이 그들을 억압하는 수치심의 사슬로부터 벗어나 다시 그들 자신의 죄책감을 느낄 수 있게 해 줍니다. 어린양과 사자가 함께 뛰노는 미래에 대해 소망을 갖게 해 줍니다.

우리는 여기서 미래의 기독교 사역자가 직면하게 될 커다란 유혹에 대해 살펴보아야 합니다. 남녀를 불문하고 기독교 지도자들은 어디서나 더 전문적인 훈련과 조직의 필요성을 날로 통감하고 있습니다. 현실적인 필요이고 전문적으로 사역하고 싶어하는 마음도 이해할 수 있습니다.

그러나 위험 요소가 있습니다. 미래의 사역자는 자연스럽게 영적으로 성장하는것을 기다리지 못하고 능력만능주의에 얽매이면 전문성을 핑계로 긍휼이라는 더 큰 임무를 등한시할 수 있습니다. 기독교 지도자의 과제는 인간의 내면에 있는 최선을 끄집어내 인간을 보다 인간다운 공동체로 이끕니다. 그러나 그 과정에서 긍휼히 여기는 동반자의 눈을 갖지 못하여 거리를 두고 정밀하게 분석하는 눈으로 진단만 내릴 위험이 있다는 것입니다.

그러므로 더 많은 기술을 훈련하는 것이 미래 세대의 기독교 지도자들이 직면할 문제 해결의 방법이라고 생각한다면, 더 큰 좌절과 실망을 경험하게 될 것입니다. 굶주린 이들에게 더 많은 빵이 필요한 것처럼, 사역자들에게 더 많은 훈련과 조직이 필요한 것은 분명합니다. 그러나 사랑 없이 주는 빵이 평화를 가져오기는커녕 전쟁을 초래할 수 있는 것처럼, 긍휼이 없는 전문성은 용서와 하나님의 왕국을 진실되지 못한 것으로 만들 뿐입니다.

이제 우리는 여기서 미래 세대의 기독교 지도자가 지녀야 할 마지막 특성을 알 수 있습니다. 만약 특별한 기술을 가지고 인간을 돕기 위해 줄을 길게 서 있는 전문가들 중 한 사람에 불과한 존재가 되고 싶지 않다면, 또한 혼란에서 희망으로, 혼돈에서 화합으로 사람들을 이끄는 집행자이고 싶다면 정확하게 표현할 줄 알고 긍휼히 여겨야 할 뿐 아니라, 마음 깊이 묵상하는 사람이어야 합니다.

묵상하는 비평가로서의 사역자

내향적이며 아버지를 상실한 이 세대가 그들이 살고 있는 세상을 변화시키기를 필사적으로 원하지만 신뢰할 만한 대안이 없기 때문에, 돌발적이고 강박적으로 행동하는 경향이 있다고 우리는 말한 바 있습니다.

그렇다면 기독교 지도자는 그들의 폭발적인 에너지를 어떻게 창조적인 방향으로 이끌어 참된 변화의 집행자가 될 수 있을까요? 놀라거나 심지어 모순된다고 생각할 수도 있겠지만 기독교 지도자는 묵상하는 비평가여야 한다고 나는 생각합니다.

'묵상'이란 단어를 들으면 뒤에 숨어서 급속도로 움직이는 세상과 최소한의 접촉만 갖는 삶을 생각할지 모르겠지만, 그렇게 생각하지 않기를 바랍니다. 내가 생각하는 묵상은 매우 활동적이고 우리를 각성시키는 형태의 묵상입니다. 이 점에 대해 좀 더 설명하겠습니다.

자신이 어디로 가고 있는지, 자신이 어떤 종류의 세상을 지향하고 있는지, 이런 혼돈스런 세상에 아이를 낳는 것이 사랑의 행위라기보다는 잔혹한 행위가 아닌지 의구심을 갖는 사람들은 종종 빈정대거나 심지어 냉소적인 태도까지 보입니다. 그는 분주한 친구들을 비웃지만, 그 친구들의 활동을 대신할 다른 대안을 갖고 있지 못합니다. 그는 많은 것에 항의하지만, 무엇을 주장해야 할지 모릅니다.

　　그러나 자신 안에서 성령의 음성을 들었고 긍휼로써 자신의 동료들을 재발견하게 된 기독교 사역자는 자신이 만나는 사람들, 자신이 맺는 관계들, 그리고 자신이 개입된 사건들을 다른 각도에서 바라볼 수 있습니다. 그는 일상생활의 베일 뒤에 감추어져 있는 새로운 세계의 윤곽을 보여 줄 수 있을지도 모릅니다. 묵상하는 비평가로서, 그는 가장 긴박하고 직접적인 일과 항상 일정한 거리를 유지함으로써 자신이 그에 빠져 드는 일이 없도록 합니다. 그러나 그 동일한 거리를 유지함으로써 그는 인간과 인간 세상이 지니는 진정한 아름다움, 즉 항상 다르고 항상 매력적이며 항상 새로운 그 아름다움을 드러나게 합니다.

　　사람들을 구속하고, 마지막 순간에까지 그들을 구원하며, 그들을 올바른 길로 인도하려고 초조하게 돌아다니는 것이 기독교 지도자의 임무는 아닙니다. 우리가 한 번 받은 구원은 영원하기 때문입니다. 기독교 지도자에게 주어진 소명은 사람들을 도와 그들이 이 위대한 소식을 인정하게 만드는 것입니다. 또한 우리의 고통 뒤에는 위대한 것, 곧 우리가 그 형상을 따라 지음받은 하나님의 얼굴이 숨겨져 있다는 사실을 일상의 일들 속에서 확실히 보여 주는 것입니다.

　　이런 점에서 묵상하는 사람이 강박적 세대의 지도자가 될 수 있는 이유는 바로, 그가 즉각적인 욕구와 즉각적인 만족의 악순환을 극복할 수 있기 때문입니다. 그는 자신들의 충동적 욕구를 극복하려는 사람들에게 방향을 제시할 수 있고, 그들의 변덕스런 에너지를 창조적인 방향으로 이끌 수 있습니다.

여기서 우리는 요구 사항이 많은 세상에 적응하도록 하는 것만이 미래 기독교 지도자의 관심사가 되어서는 결코 안 된다는 것을 알게 됩니다. 사실 비평적인 묵상가가 될 수 있는 기독교 지도자야말로 가장 진실한 혁명가일 수 있습니다. 왜냐하면 자신이 보고 듣고 만지는 모든 것들을 참된 복음으로 검증함으로써 역사의 흐름을 바꿔 놓을 수 있고, 공포 때문에 강박적인 사람들을 인도해 그들이 보다 나은 세상을 만들기 위한 창조적 행동을 하도록 할 수 있기 때문입니다.

그는 자기 생각은 없이 좌절감만을 표현하는 사람들에 동조하기 위해 그들이 벌이는 시위에 무조건 동참하지는 않습니다. 그는 더 많은 사회적 안전장치, 더 많은 경찰을 요구하며, 사회에 좀 더 기강이 잡히고 좀 더 질서가 다져지도록 계속해서 요구만 하는 일에도 쉽게 가담하지 않습니다. 그는 비판적인 눈으로 사태를 지켜보며, 명성을 얻으려는 욕망이나 거절의 두려움 때문이 아니라 자신에게 주어진 소명에 따라 결정을 내립니다. 그는 저항하는 자들과 무사 안일주의자들 모두를 그들의 동기가 그릇되고 그들의 목표가 의

심스러울 때 비판합니다.

　　묵상하는 사람은 인간적 접촉에 굶주려 하거나 욕심 내지 않습니다. 소유욕이 강한 이 세상의 사소한 관심사를 초월하는 비전을 따라 나아갑니다. 그는 그때그때 유행에 따라 요동하는 사람이 아닙니다. 근본적이고 중심적이며 궁극적인 것을 접하고 있기 때문입니다. 그는 어떤 사람도 우상을 숭배하도록 허용하지 않습니다. 그는 동료들이 실제적이며 종종 고통스럽고 당혹스러운 질문을 자발적으로 던지도록 이끕니다. 또 아무 문제가 없어 보이는 행동 이면에 숨겨진 것을 보도록, 문제의 핵심에 이르는 것을 가로막는 모든 장애물을 제거하도록 그들에게 권유합니다.

　　묵상하는 비평가는 조작된 세계의 환상적 가면을 벗겨 버리고, 실제 상황이 어떤지 보여 줄 수 있는 용기가 있습니다. 그는 많은 사람들이 자신을 바보로, 미친 사람으로, 사회에 위험한 존재로, 인류에 위협이 되는 존재로 생각한다는 것을 알고 있습니다. 그러나 죽음을 두려워하지 않습니다. 그의 비전으로 말미암아 그가 삶과 죽음의 경계를 초월할 수 있고, 어떤 위험이 따르더라도 지금 여기서 해야 할 일을 할 수 있기 때문입니다.

　　무엇보다도 그는 자신이 처한 상황 속에서 소망과 약속의 표징을 찾으려고 할 것입니다. 묵상하는 비평가는 조그만 겨자씨를 알아볼 수 있는 민감한 마음을 가지고 있으며, 그 겨자씨가 "자란 후에는 풀보다 커서 나무가 되매 공중의 새들이 와서 그 가지에 깃들이 느니라"(마 13:31-32)라는 말씀을 믿을 수 있는 믿음이 있습니다.

그는 미래에 보다 나은 세상이 도래할 희망이 있다면 그 표적이 반드시 현재에 나타나리라는 사실을 알고 있습니다. 그는 미래를 기대하지만 결코 현재의 세상을 저주하지 않습니다. 그는 자신의 좌절된 꿈이 미래에 저절로 이루어지리라고 기대하는 순진한 낙관론자가 아닙니다. 그는 자신의 경험으로 볼 때, 해 아래 새 것은 하나도 없다고 계속해서 말하는 비통한 염세주의자도 아닙니다. 오히려 지금은 거울에 비추어 보듯이 희미하게 보이지만, 언젠가는 얼굴과 얼굴을 맞대고 보듯이 정확하게 미래를 볼 것이라는 굳은 확신을 가지고 살아가는 소망의 사람입니다.

영적인 역사를 정확하게 표현할 수 있고, 비판적이면서도 긍휼히 여기는 시각으로 자신이 살고 있는 세상에 대해 묵상하는 그리스도인 지도자. 그런 지도자가 첫 번째 희망의 징조가 될 수 있는 새 삶을 보여 준다면, 강박적인 세대는 절박한 마지막 항의의 표시로 죽음을 택하지 않을 것입니다. 그는 새 삶을 선택할 것입니다.

기도의 사람이
발견할 수 있는 것

우리는 젊은 도망자의 눈을 들여다보았습니다. 그는 내향적이고, 심적으로 아버지라는 존재를 상실했고 강박적이라는 것을 발견했습니다. 우리는 그가 죽임을 당하도록 적에게 넘겨주고 싶지 않았습니다. 그 대신 그를 우리 마을 한가운데로 데려가서 그 젊은이의 모습 안에서 두려움에 싸인 이 세상을 구원해 줄 분의 모습을 발견하고 싶었습니다. 그렇기 하기 위해 우리는 내면을 잘 설명할 수 있으며, 긍휼히 여기며, 묵상하는 자세를 가져야 합니다.

너무 무거운 임무입니까? 각 개인이 개별적으로 이 과제를 완수해야 한다면 그럴 것입니다. 그러나 분명히 리더십은 공동의 소명이며, 공동체 안에서 긴밀히 협력할 때 발전됩니다. 그런 공동체 안에서는 샤르댕(Teilhard de Chardin)의 말처럼 "볼 수 있는 눈을 가진 자에게는 세속적인 것은 아무것도 없다"는 사실을 모든 구성원이 깨닫게 됩니다.

여기까지 말하고 난 지금, 나는 미래의 기독교 지도자는 과거의 지도자가 지녔던 모습 그대로를 가져야 한다는 사실을 반복해서 말했다는 생각이 듭니다. 곧 지도자는 기도의 사람, 지금까지 기도해 왔고 항상 기도해야 하는 사람입니다. 이 시점에서 너무나도 간단한 이 사실을 얘기한다는 것에 놀랄지도 모르겠습니다. 그러나 이렇게 함으로써 너무나 간단하면서도 종종 오용되는 이 말에서 감미롭고 경건한 체하는 교회 특유의 분위기가 사라지기를 바랍니다.

결국 기도의 사람이란 다른 사람에게서 메시아의 얼굴을 알아볼 수 있는 사람이며, 숨겨진 것을 드러내고, 구체적으로 잡지 못하던 것의 실체를 파악하게 해 주는 사람입니다.

기도의 사람이 지도자가 될 수 있는 구체적 이유는 그가 자신 안에서 일어나는 하나님의 역사를 정확하게 표현함으로써 다른 사람들이 혼란에서 빠져나와 그들도 명료하게 인식하도록 해 주기 때문입니다. 그의 긍휼을 통해, 사람들이 배타적인 내부 집단을 벗어나 전 인류의 넓은 세계로 나아가도록 인도하기 때문입니다. 그의 비판적인 묵상을 통해, 이 세대의 강박적인 파괴성을 다가올 새 세상을 위한 창조적 사역으로 전환시킬 수 있기 때문입니다.

The Wounded Healer

Chapter 3

'소망 없는
사람'을 위한
사역

죽음 너머의
내일을
기다리게 하다

　리더십이라고 하면 보통 한 사람이 다른 많은 사람들에게 생각과 제안과 방향을 제시하는 것을 떠올립니다. 마하트마 간디, 마틴 루터 킹, 존 에프 케네디, 다그 하마슐드, 찰스 드골과 같은 사람들을 생각하는데 그들은 모두 현대사에서 중요한 역할을 했으며 대중의 관심을 한몸에 받았던 사람들입니다.

　기독교인이 어떤 종류의 지도자가 되어야 할지에 대한 논의는 가정(home)에서부터 시작하는 것이 좋겠습니다. 그곳에서는 세계의 변화를 위해 노력하지 않는 이유에 대해 아무도 핑계를 댈 수 없습니다.

다른 사람에게 리더십을 전혀 행사하지 않는 사람은 없습니다. 부모와 자녀, 선생님과 학생, 상사와 부하 사이에서 다양한 형태의 리더십을 볼 수 있습니다. 좀 더 비공식적인 곳, 예를 들어 놀이터나 동네 불량배들의 모임, 학문적 또는 사교적 모임, 동호회나 스포츠 클럽 등에서 우리는 삶의 얼마나 많은 부분이 리더십이 행사되고 받아들여지는 방법에 따라 결정되는지를 경험합니다.

이 장에서 나는 리더십이 이루어지는 가장 단순한 구조인 두 사람의 만남에 주목하고자 합니다. 이러한 일대일 관계에서 우리는 이 관점에서 다른 관점으로, 이 견해에서 다른 견해로, 이 확신에서 다른 확신으로 서로를 인도할 수 있다는 것을 알게 됩니다. 리더십이 얼마나 파괴적일 수 있는지, 또는 얼마나 창조적일 수 있는지 보여 주기 위해 히틀러나 간디의 이름을 들먹일 필요는 없습니다. 두 사람 사이에 있을 수 있는 단순한 형태의 대화 속에서도 리더십은 삶과 죽음의 문제일 수 있습니다. 바로 이 일대일의 만남 속에서 우리는 크리스천 리더십의 몇 가지 원칙을 발견하게 되는데 좀 더 복잡한 리더십의 관계들에도 적용되는 것입니다.

병원에 입원한 환자와 방문객의 짧은 대화를 논의의 출발점으로 삼도록 하겠습니다. 환자 해리슨 씨는 48세의 농장 노동자로 땅

딸막하고 거칠어 보이며 말로 자신을 표현하는 데 서툽니다. 매우 소박한 침례교 가정 출신인 그는, 다리 수술을 받으려고 입원한 대도시 병원의 생소하고 낯선 환경에 완전히 얼이 빠져 있는 상태입니다. 그는 부정맥 증세로 고생을 하고 있습니다.

　　방문객 존 앨런은 이 병원의 원목 밑에서 1년 동안 임상 목회 훈련을 받고 있는 신학생입니다. 존이 해리슨 씨를 두 번째로 방문하였습니다. 환자는 휠체어를 타고 병실 한가운데 앉아 있습니다. 그 병실에는 다른 환자들도 있는데 그중 몇 사람은 서로 이야기를 나누고 있습니다. 이런 가운데 다음과 같은 대화가 오고갑니다.

존: 해리슨 씨, 지난번에 만나 뵈려고 잠깐 들렀었습니다.

해리슨: 아, 네. 기억이 나요.

존: 몸은 좀 어떠세요?

해리슨: 글쎄요, 사실 지난주에 수술받을 예정이었습니다. 그들이 나를 마취시켜서 위로 데리고 갔는데 내 심장이 너무 뛰었습니다. 그날 수술을 하지 않는게 좋겠다고 결정하더니 나를 다시 이 밑으로 데려다 놓았습니다. 그래서 내일 수술을 받게 됐습니다.

존: 심장이 너무 뛰었다고요?

해리슨: 예, 그들은 그런 상황에서 수술을 진행시키기에는 위험

부담이 너무 크다고 생각했던 거죠. 난 이제 수술을 받을 준비가 된 것 같습니다. 성공할 것 같아요.

존: 준비가 됐다고 느끼십니까?

해리슨: 아직 죽을 준비는 안 되었거든요. 하지만 수술은 받아야 한다고 생각해요. 그렇게 하지 않으면 다리를 잃어버리게 되니까요.

존: 마지막을 맞이할 준비가 되어 있지는 않지만, 가능하다면 어떤 조치가 취해져서 다리를 잃지 않기를 바라시는군요.

해리슨: 그래요. 만약 이것이 마지막이라면 저는 잃어버린 한 영혼이 되겠죠!

존: 수술이 성공하지 못한다면 수술을 한 목적을 잃는다고 생각하시는군요.

해리슨: 예! 물론 그들 말로는 그렇게 어려운 수술은 아니라고 합니다. 그들은 여기서 나를 마취시킨 다음, 수술할 때까지 여기에 놔 둘 거예요. 내 몸 안에 플라스틱 튜브 몇 개를 집어넣을 거랍니다. 그게 내 다리를 구해 줄 거래요. 여기 내 발 좀 보세요. 내가 일어서면 여기 이 발가락이 파랗게 됩니다. 내 발목을 절단할 뻔했지만, 수술하면 그들이 내 다리를 구할 수도 있습니다.

존: 다시 다리를 사용할 수 있게 된다면 수술 받을 가치가 있죠.

해리슨: 그래요. 물론 난 수술 중에 죽고 싶지는 않아요. 마취 중에 죽는 것보다는 자연사했으면 좋겠습니다.

존: 수술 중에 그럴 가능성이 있기는 하지만, 당신이 건강해지는 유일한 길은 수술을 받는 것입니다.

해리슨: 예, 맞아요.

(침묵)

존: 퇴원하시면 해리슨 씨를 기다리고 있는 것들이 많죠?

해리슨: 아무것도, 아무도 없어요. 고된 일만 나를 기다리고 있죠.

존: 고된 노동뿐이라고요?

해리슨: 예, 그래요. 물론 난 힘을 되찾아야 합니다. 담배 수확기까지는 일할 준비가 되리라 생각합니다.

존: 담배 재배를 하시려나 보군요?

해리슨: 예, 8월경에 수확이 시작되거든요.

존: 네.

(침묵)

존: 저, 해리슨 씨, 내일 일이 잘되길 바랍니다.

해리슨: 고마워요. 찾아와 줘서 고맙습니다.

존: 다시 뵙겠습니다. 안녕히 계세요.

해리슨: 잘 가세요.

존은 다시는 해리슨 씨와 얘기를 나누지 못했습니다. 얘기를 나눈 바로 그 다음날, 해리슨 씨는 수술 도중 사망했습니다. 아마 "마취에서 깨어나지 못했다"고 말하는 것이 더 나을 것입니다.

존은 이 중요한 순간에 해리슨 씨를 인도하여 새로운 내일로 이끌어야 했습니다. 그러면 '내일'은 무엇을 의미했던 걸까요? 해리슨 씨에게 그것은 담배 농장으로 돌아가는 것, 아니면 죽음 저편의 영역으로 들어가는 것을 의미했습니다.

해리슨 씨와 존 앨런의 만남을 자세하게 연구해 크리스천 리더십의 의미를 보다 깊이 이해해 보도록 하겠습니다. 우선 해리슨 씨의 상태를 고찰한 후, 존이 어떻게 하면 해리슨 씨를 내일로 인도할 수 있었을까 하는 문제를 논의하겠습니다. 마지막으로 이 만남에서 확실히 나타난 크리스천 리더십의 주요 원칙들을 논의하겠습니다.

해리슨 씨의
상태

해리슨 씨를 만나고 난 직후 지도 원목을 찾아간 존은 짜증이 났고 화도 약간 났습니다. 그는 해리슨 씨가 고집이 세고 무관심한 사람이라, 친절하고 예의 바른 대화를 나누는 것이 거의 불가능하다고 느꼈습니다. 존은 해리슨 씨가 자신의 방문을 정말로 고마워했다고 생각하지 않았습니다. 그는 해리슨 씨의 증오에 찬 거친 말투에서 이 환자가 방문객에게 감사하기보다는 오히려 적의를 나타낸다고 느꼈습니다. 존은 실망했고 그래서 일말의 주저 없이 해리슨 씨를 구제 불능, 즉 성직자의 도움을 받을 대상이 못 되는 사람이라고 했습니다.

존이 그런 반응을 보인 것은 충분히 이해할 만합니다. 젊은 신학생으로서 그는 그 환자와 의미 깊은 대화를 나누길 기대했습니다. 그리고 그 대화 속에서 자신이 그 환자에게 희망과 위로를 줄 수 있기를 희망했습니다. 그러나 그는 좌절과 실망을 느꼈을 뿐 그 대화를 어떤 목표를 향하여 이끌고 갈 수 없었습니다.

그는 해리슨 씨와의 대화를 기록한 뒤 여러 번 읽어 보았습니다. 실제로 무슨 일이 있었는지 그를 지도하는 원목과 얘기도 나누었습니다.

그리고 난 뒤에야 비로소 존은 해리슨 씨의 고통스런 상태를 보기 위하여 필요한 거리를 유지할 수 있었습니다. 그는 해리슨 씨가 비인격적이고 기계적 상황에 처하여 죽음을 두려워하는 한편, 다시 살 일을 두려워했다는 사실을 알 수 있었습니다. 존은 해리슨 씨에게 도움을 제공하기 전에, 해리슨 씨가 처한 이러지도 저러지도 못하는 마비된 상황을 먼저 느끼고 맛보았어야 했던 것입니다.

비인격적 환경

중학교, 고등학교, 그리고 대학교를 거쳐 신학교를 다닌 신학생에게는 48세의 한 남자가 현대 병원의 첨단 기술 한가운데 놓여졌을 때 어떤 느낌일지 상상하기가 힘들었습니다. 아마도 사람들의 옷차림이나 언행이 놀라울 정도로 이상한 다른 행성에 간 것 같았을 것이 분명합니다.

흰옷을 입은 간호사들은 효율적인 방식으로 환자들을 씻기고 음식을 먹이며 옷을 입힙니다. 차트를 손에 든 의사들은 아주 이상한 언어로 기록하고 지시를 내립니다. 병과 튜브가 잔뜩 달린 정체를 알 수 없는 많은 기계에 둘러싸여 있습니다. 그리고 온갖 이상한 냄새와 소음과 음식 때문에, 해리슨 씨는 무서운 숲속에서 길을 잃은 어린아이 같은 느낌을 받았을 것입니다. 그 어떤 것도 익숙하지 않았고, 어떤 것도 이해할 수 없었으며, 어떤 것에도 가까이 다가갈 수 없었습니다.

힘든 육체노동을 하며 스스로 독립된 삶을 유지할 수 있었던 이 거친 사나이는 이질적인 많은 사람과 낯선 의료 행위의 수동적 희생자가 갑자기 되었던 것입니다. 해리슨 씨는 자신에 대한 통제력을 상실했습니다. '그들'이라고 하는 익명의 사람들이 그를 통제했습니다.

"그들이 저를 마취시켜서 위로 데리고 갔었는데 … 그들은 그날 수술을 하지 않는 게 좋겠다고 결정했죠. 그들은 나를 다시 이 밑으로 데려다 놓았습니다."

이 말 속에는 이상한 힘들이 자신의 정체성을 빼앗아 갔다는 해리슨 씨의 느낌이 담겨 있습니다. 해리슨 씨에게는 자신의 다리 수술이 알 수 없는 외부 세계의 일로 보였습니다. 그리고 그 과정에는 자신의 존재조차 필요하지 않은 것 같았습니다.

"그들은 바로 여기서 나를 마취시킨 다음, 수술할 때까지 나를 여기 봐 둘 거예요. 그들은 내 몸 안에 플라스틱 튜브 몇 개를 집어넣을 거랍니다. 그게 내 다리를 구해 준대요."

'그들'이 자신의 존재 자체를 중요하지 않은 부수적이고 우연한 사실로 취급하고 있다고 해리슨 씨는 생각했습니다. 그들은 해리슨 씨에게 자발적으로 무엇인가 하라고 요구하지도, 자발적으로 하는 것을 달갑게 여기지도 않았습니다. 그들은 해리슨 씨가 어떤 질문을 하리라고 기대하지 않았고, 설령 질문이 있다 해도 그에 대해 대답하려 하지 않았습니다. 해리슨 씨가 보이는 어떤 관심에도 그들은 신경 쓰지 않았고, 더구나 해리슨 씨가 관심을 갖도록 독려하지도 않았습니다. 해리슨 씨의 관점에서는 "그들이 그 일을 했습니다"라는 말로 표현할 수 있을 것입니다.

존 앨런이 목회자로서 그를 도우려 했던 것은 해리슨 씨가 이런 비인격적인 환경 속에 놓여 있을 때였습니다.

죽음에 대한 두려움

해리슨 씨와의 대화 기록을 연구하면서 존은 이 환자가 가장 염려했던 것은 죽음이었다는 사실을 알게 되었습니다. 해리슨 씨는 자신이 삶과 죽음의 기로에 서 있었다는 사실을 어느 정도 깨닫고 있었습니다. 존과 나눈 짧은 대화 속에서 해리슨 씨는 세 번이나 죽음에 대한 두려움을 나타냈지만, 존은 계속해서 그 주제를 회피하려 하거나 그 고통스런 실상을 은폐하려 한 것 같았습니다.

해리슨 씨는 자신이 관여할 수 없고 인식할 수도 없는 비인간적인 죽음, 당사자보다 주변 사람들이 더 분명하게 인식할 수 있는 죽음을 두려워했습니다.

"물론 난 수술 중에 죽고 싶지는 않아요. 마취 중에 죽는 것보다는 자연사했으면 좋겠습니다"라는 말을 통해서 볼 때, 해리슨 씨는 자신이 인간답게 죽을 수 있는 기회가 박탈되리라는 것을 분명히 알았습니다. '그들'이 자신을 데려다 놓은 기계적이고 이해할 수 없는 환경 속에서, 해리슨 씨는 자신의 죽음은 인간들의 치밀한 일의 한 과정이고 자신은 그 과정에서 비관계자일 뿐이라는 사실을 깨닫고 있었습니다.

희망을 상실한 해리슨 씨의 말 속에는 순간순간 저항의 뜻이 보였습니다. 생계를 위해 밭에서 고된 일을 했었고, 자신의 육체만을 의지하고 살았던 해리슨 씨는 이제 자신의 죽음, 즉 자연적 죽음을 맞이할 권리가 자신에게 있다는 것을 알고 있었습니다. 해리슨 씨는 자신이 지금까지 살아왔던 방식대로 죽음을 맞이하고 싶었습니다. 그러나 그의 저항은 너무나 미약했고, 선택의 여지가 없음을 자각하지 않을 수 없었습니다. 그는 그냥 슬며시 사라져 버리고, 자신을 '마취시키려고' 하는 사람들이 야기한 꿈같은 상태에서 삶을 멈추게 될 것이었습니다. 만약 죽는다면 인간에게 있어 가장 중요한 순간인 죽음의 순간에 자신이 참여하지 못한다는 것을 그는 알고 있었습니다.

해리슨 씨가 두려워했던 것은 단지 수술 중에 죽을지도 모른다는 사실뿐이 아니었습니다. 그는 자신의 죽음을 스스로 맞이할 기회를 박탈당한 채 의식을 회복하지 못함으로써 생을 마감하게 되리라는 사실을 두려워했습니다. 물론 해리슨 씨가 두려워했던 것이 그게 전부는 아니었습니다. 분명 그 이상의 것이 있었습니다.

해리슨 씨는 죽을 준비가 되어 있지 않았던 것입니다. 해리슨 씨는 두 번이나 자신의 완전한 절망을 존에게 알리려 했습니다. 그러나 존은 그의 얘기를 듣지 않았습니다. "그에 대해 준비가 되어 있다고 느끼십니까?"라고 존이 수술에 대해 얘기했을 때, 해리슨 씨는 자신이 정말로 생각하고 있는 것이 무엇인지 대답에서 분명히 밝혔습니다.

"네, 난 죽을 준비가 되어 있지 않아요. 만약 이것이 마지막이라면, 저는 잃어버린 한 영혼이 되겠죠!"

　고뇌와 절망이 가득하며 자포자기적인 이 말의 이면에 무엇이 있는지 우리는 추측할 수 있을 뿐입니다. 아마도 존이 다루기에는 너무 어려운 문제였습니다. 존은 가혹한 현실을 좀 부드럽게 표현해 보려 했습니다. 그는 죽음을 '마지막'으로 표현 했고, '잃어버린 한 영혼'을 '목적'으로 바꾸었습니다. 해리슨 씨의 말들을 부드러운 표현으로 바꿈으로써 존은 환자의 개인적인 고뇌에 직면하기를 회피했습니다.

　"만약 이것이 마지막이라면 저는 잃어버린 한 영혼이 되겠죠!"라는 해리슨 씨의 절규에 내포된 의미는 아무도 다 이해할 수 없습니다. '잃어버려진다'는 말의 진정한 의미는 무엇일까요? 우리가 알 수는 없습니다. 다만 해리슨 씨가 침례교 가정 출신이며 거칠고 외로운 삶을 살았다는 사실을 고려해 볼 때, 정죄받아서 영원한 지옥에 던져지는 것을 의미했으리라고 충분히 추측해 볼 수 있습니다.

　가족이나 친구도 없고, 얘기를 나눌 사람도 주변에 없으며, 자신을 이해하거나 용서해 줄 사람도 없는 이 48세의 중년 남자는 고통스러운 과거의 짐을 짊어진 채 죽음에 직면했습니다. 이 순간 해리슨 씨의 머릿속에 떠올랐을 생각들이 어떤 것이었는지 우리는 모릅니다. 그러나 너무나 외롭고 절박했던 해리슨 씨로서는 하나님의 사랑과 용서에 대한 과거 경험을 기억할 수 없었을 것입니다. 더 나아가 죽음의 순간에는 어린 시절을 대개 추억하기 때문에, 아동기에 들었던 침례교 설교에서 '이 세상의 쾌락'에 굴복한 자는 영원한 형벌을 받게 된다는 위협적인 내용의 설교가 머릿속에 끔찍하리만큼 생생히 떠올랐을 것입니다.

그런 과거를 회상하며 해리슨 씨는 '잃어버린 바 될 사람'으로 자신을 간주하였을 것입니다. 아마도 해리슨 씨는 수년 동안 교회에 나가지 않았을 것이고, 소년기 이후로 사역자를 만난 적도 없었을 것입니다. 휠체어를 타고 있는 자신 앞에 젊은 신학생 존이 나타났을 때, 해리슨 씨는 어린 시절 들었던 모든 경고와 금기와 훈계 등이 떠오르면서 어른이 되어 지은 무거운 죄의 짐 때문에 지옥에 떨어질 것이라고 느꼈을 것입니다.

해리슨 씨의 마음속에서 정말로 어떤 일이 일어났는지 우리는 모릅니다. 그렇다고 해리슨 씨의 말 속에 담겨 있는 고뇌를 간과할 이유는 없습니다. 우리가 '아마도' 또는 '어쩌면'이라는 말로 추측해 본 것들을 통해 한 남자가 48년 동안의 삶을 마감하고 심판의 날을 눈앞에 두고 있다는 것이 무슨 의미인지 알 수도 있을 것입니다.

"난 죽을 준비가 되어 있지 않아요"라는 말은 해리슨 씨가 신실한 마음으로 주님께 순복할 준비가 되어 있지 못하다는 의미입니다. 그는 믿음과 소망 가운데 자신의 생명을 내어 줄 준비가 되어 있지 않습니다. 그가 당시 겪고 있는 고통은 삶의 경계 저편에 있으리라 생각되는 것에 비해서는 오히려 작은 것이었습니다. 해리슨 씨는 지극히 실존적인 방식으로 죽음을 두려워했습니다. 그렇다면 그는 살고 싶은 욕망을 가지고 있었을까요?

삶에 대한 두려움

수술을 받아야 하는 상황에서 회복을 바라지 않는 환자는 거의 없습니다. 복잡한 병원 시설은 사람을 치료하고 회복시켜 '정상적인 삶'으로 돌아가게 하기 위해 존재합니다. 병원을 방문해 환자들과 얘기를 나눠 본 사람이라면 환자들에게 '내일'이 무엇을 의미하는지 알 것입니다. 그들에게 '내일'이란 가정, 옛 친구들, 일, 그리고 일상 생활로 돌아갈 날이 더 가까워진다는 뜻입니다. 종합병원은 사람들이 가능한 빨리 떠나고 싶어 하는 곳입니다. 사람의 희망대로 그들이 병을 치유할 수 있다는 사실을 전제로 의사, 간호사, 그리고 보조원들은 일을 합니다.

병원을 떠나고 싶어 하지 않는 사람이 있다면 그는 병원이라고 하는 기관의 일반적 목적에 협력하지 않는 것이며, 자신을 돕고자 하는 모든 사람의 능력을 제한하는 것입니다.

해리슨 씨는 회복하기 위해 노력했습니까? 우리는 그가 죽음을 두려워했다는 것을 압니다. 그러나 그것이 그가 살고 싶어 했다는 뜻은 아닙니다. '정상적인 삶'으로의 복귀라는 것은 당신을 기다리고 있는 사람들에게 돌아간다는 의미도 포함되어 있습니다. 그러나 누가 해리슨 씨를 기다리고 있었습니까? "퇴원하시면 당신을 기다리고 있는 것들이 많으시죠?"라는 질문을 던졌을 때, 존은 해리슨 씨의 고독을 감지했습니다. 이 질문은 해리슨 씨의 깊은 상처를 드러냈고 해리슨 씨는 이렇게 대답했습니다.

"아무것도, 아무도 없어요. 고된 일만 나를 기다리고 있죠."

자신이 살든지 죽든지 신경 쓰는 사람이 아무도 없다는 말이 무슨 뜻인지 건강한 젊은이에게 이해 불가능한 일은 아닙니다. 그러나 매우 어려운 일입니다. 고립된다는 것은 인간이 겪는 고통 가운데 최악의 것입니다.

그러나 존과 같은 사람에게 고독의 경험은 까마득히 먼 일입니다. 그에게는 얘기를 나눌 원목이 있고, 함께 생각을 나눌 친구들이 있으며, 어떤 방식으로든 자신의 안녕(安寧)에 관심을 기울이는 가족들과 사람들이 있습니다.

반면에 해리슨 씨는 그를 기다리고 있는 사람 하나 없고, 기다리는 것이라고는 담배 농장의 고된 노동뿐입니다. 그가 치료를 받는 것은 담배 수확기에 대비해 충분한 힘을 회복하려는 한 가지 목적 때문입니다. 그런 해리슨 씨에게 생명을 유지하는 것이 무슨 의미가 있을까요? 그가 생명을 되찾는다 해도 그의 삶에서 파괴적인 고독이 사라지는 것은 결코 아닙니다. 그런데 왜 해리슨 씨가 생명을 되찾아야 합니까?

의식주를 해결하기 위해 돈을 벌려고 뙤약볕 아래서 몇 년 더 힘든 노동을 하다가 힘든 노동을 더 이상 할 수 없는 상태에 도달해 '자연스러운 죽음'을 맞이하기 위해서입니까? 해리슨 씨에게 죽음은 지옥일지 모르지만 삶이 죽음보다 나은 것도 없었습니다.

해리슨 씨는 정말로 더 이상 살고 싶지 않았습니다. 그는 자신에게 너무나도 작은 행복과 너무나도 큰 고통을 안겨 주었던 삶을 두려워했습니다. 그는 다리에* 이상이 있었고 다리가 없는 것은 삶이 없는 것과 같다는 사실을 알고 있었습니다. 그러나 그의 다리가 그에게 사랑을 가져다줄 수는 없었습니다. 그의 다리들이 그에게 약속할 수 있는 것은 고된 노동뿐이었습니다. 이런 생각이 해리슨 씨를 두렵게 했습니다.

이렇게 해서, 존은 비인간적 환경에 처한 해리슨 씨가 죽는 것과 사는 것 모두를 두려워한다는 사실을 알게 되었습니다. 해리슨 씨의 병세가 얼마나 심각했는지, 수술을 받아 회복될 가능성이 어느 정도였는지 우리는 모릅니다. 그러나 해리슨 씨는 그에 대해 준비되어 있지 않았습니다. 그는 자신의 주변에서 어떤 일이 벌어지고 있는지 몰랐습니다. 그는 죽고 싶지도 않았고 살고 싶지도 않았습니다. 그는 끔찍한 덫에 걸려 있었습니다. 둘 중 어느 쪽이든 그 결과는 치명적이어서 지옥 아니면 고된 노동이라는 고통을 당해야 했습니다.

이것이 해리슨 씨의 상태였습니다. 많은 사람처럼 그는 심리적 마비 상태로 고통받았습니다. 그의 마음 가장 깊숙한 곳에 있던 열망이 사라졌고 갈망이 좌절되었으며 노력은 수포로 돌아갔고 의지는 꺾였습니다. 그는 사랑과 증오, 갈망과 분노, 그리고 소망이나 의구심으로 가득 찬 정상적인 사람이 아니라 자신의 역사를 어떤 방향으로도 이끌고 가지 못하는 수동적인 희생자가 되어 버렸습니다.

의사들이 이런 상태에 있는 사람을 만진다는 것은, 자신을 표현하는 인간의 기본 도구인 언어를 상실하고 결국 모든 종류의 협력을 포기한 육신을 만지는 것과 같습니다. 그는 스스로 목숨을 건지기 위한 투쟁을 벌일 수도 없고, 목숨을 건질 수 있는 가능성이 희박해질 경우 편안하게 포기하는 결정을 스스로 하지도 못합니다.

외과 의사의 집도 하에서 해리슨 씨는 이름 없는 익명의 존재였으며, 스스로도 자신이 인격적 존재임을 주장하지 않았습니다. 그는 살아갈 능력조차 상실한 이름 없는 육신이 되어 버렸습니다. 그래서 결국 그의 몸은 기능을 멈췄습니다.

우리 모두가 잘 아는 바와 같이, 해리슨 씨의 경우가 예외적인 것은 아닙니다. 스스로 존재의 포로가 된 사람들은 많습니다. 해리슨 씨의 상태는 자신이 살아가는 세상을 이해하지 못하고, 죽음뿐 아니라 삶까지도 두려워하는 모든 사람의 상태입니다.

존과 같은 사람도 많습니다. 다른 사람들을 자유케 하고, 그들을 내일로 인도하고 싶어 하는 이상주의적이고 지적인 사람들말입니다. 그렇다면 어떻게 해야 해리슨 씨와 같은 사람들을 마비 상태에서 해방시켜 새로운 삶이 시작되는 내일로 인도할 수 있습니까? 이제 이 문제를 고찰해 보겠습니다.

해리슨 씨를
내일로 인도하는 방법

존은 해리슨 씨를 방문했습니다. 여기서 분명히 제기되는 질문이 있습니다. "존은 해리슨 씨를 위해 무엇을 할 수 있었는가, 혹은 무엇을 했어야 하는가?"라는 것입니다. 그러나 이 질문은 사실 공정하다고 할 수는 없습니다. 해리슨 씨의 상태가 금방 명료하게 분석되고 이해되는 것이 아니었기 때문입니다.

우리는 이 짧은 대화를 몇 시간 동안 주의 깊게 분석해 보았습니다. 그러나 그 환자에게 무슨 일이 일어나고 있었는지 우리가 이해할 수 있는 것은 일부일 뿐입니다. 존이 환자와의 대화에서 보인 반응을 비판하거나, 해리슨 씨에게 친밀하게 다가갈 수 있는 기회를 몇 번이나 놓쳤는지를 보여 주기는 쉽습니다.

사실 존은 해리슨 씨의 얘기를 들으려고 무척 애썼으며, 자신이 학교에서 배운 비지시적 상담(nondirective counseling) 규칙을 적용하려고 애썼습니다. 그의 상담은 이론적이었고 어색했으며 두려움과 망설임, 혼란과 선입관, 거리감 등으로 가득 차 있었습니다. 존과 해리슨 씨는 삶, 생각, 감정이 너무나 다른 두 세계를 대표합니다. 그러므로 그들이 다소 가벼운 두 차례의 대화를 통해 서로를 이해할 수 있으리라고 기대하는 것은 비인간적이라고 하지는 않더라도 비현실적입니다.

이 농부가 어떤 인물이었는지, 그가 자신의 죽음을 어떻게 맞이했는지 우리가 배운 탁월한 학문으로 알아낼 수 있다고 생각한다면 그것은 우리의 허세입니다. 한 인간이 지닌 신비는 너무나 크고 심오해서 다른 인간이 완전히 설명할 수 없습니다. 그러나 "어떻게 해리슨 씨를 내일로 인도할 수 있을까?"라는 질문은 여전히 타당합니다. 왜냐하면 사람은 혼자서는 살아갈 수 없기 때문입니다. 자타가 인정하는 고통스러운 상황으로 더욱 깊이 들어가고자 하는 사람일수록 지도자가 되어 사람들을 광야에서 약속의 땅으로 인도할 수 있을 가능성이 커지기 때문입니다.

앞으로 다룰 내용은 해리슨 씨를 돕는 일에 존이 얼마나 비참하게 실패했는지, 존이 어떻게 했어야만 하는지 보이기 위해서가 아닙니다. 해리슨 씨의 상황을 통해 모든 인간의 고뇌, 즉 형제인 다른 인간들의 응답을 기다리는 사람들의 필사적 절규를 깨달아 보려는 것입니다.

해리슨 씨와 대화를 나누는 동안 존은 최선을 다했습니다. 그러나 이러한 비극적인 인간 상황에 대한 연구를 통해, 우리는 곤경에 처한 사람에 대한 우리의 반응이 그의 삶과 죽음을 가르는 중요한 문제임을 알게 될 것입니다.

인간인 우리가 할 수 있는 일은, 비인격적인 환경 가운데 놓여 있는 사람에게 인격적으로 반응하는 것입니다. 그럼으로써 한 개인은 삶에서 뿐 아니라 죽음 앞에서도 다른 사람을 기다릴 수 있습니다.

인격적 반응

존과 해리슨 씨의 대화 기록을 읽는 신학생들은 대부분 존의 반응에 대해 강하게 비판하며, 자신이라면 어떻게 했을지 의견을 내놓습니다. 그들은 다음과 같이 말합니다.

"저는 해리슨 씨에게 살면서 있었던 좋은 경험들을 떠올려 보라고 했을 것입니다. 그에게 보다 나은 삶에 대한 소망을 주려 했을 거예요."

"저는 해리슨 씨에게 하나님은 자비로우시니 그의 죄를 용서하실 것이라고 설명했을 것 같습니다."

"저는 해리슨 씨가 앓고 있는 병에 대해 더 알아보고 그가 회복할 가능성이 충분히 있음을 보여 주었을 것 같은데요."

"저는 해리슨 씨와 죽음의 공포에 대해 더 대화를 나누었을 것 같습니다. 그리고 그의 과거에 대해 나눔으로써 그가 죄책감을 떨쳐 버릴 수 있도록 했을 것입니다."

"저는 그리스도를 믿는 사람에게 죽음은 새로운 삶으로 향하는 길이라고 얘기해 주겠습니다."

위에서 소개한 반응들과 제안된 다른 반응들은 해리슨 씨를 돕고, 고통받고 있는 해리슨 씨에게 소망의 메시지를 전해 그의 고통을 덜어 주고자 하는 강한 열망에 근거하고 있습니다. 그러나 여전히 문제는 있습니다. "고뇌에 빠진 어떤 무식한 사람에게 신학생의 말, 설명, 권고, 주장 등이 무슨 소용이 있습니까? 몇 시간 뒤면 죽을 사람의 생각과 감정 또는 시각을 변화시킬 수 있는 사람이 있습니까?"라는 것입니다.

48년의 삶이 선의를 가지고 다가온 신학생의 지적인 말 몇 마디에 흔들리지 않는다는 것은 분명합니다. 존이 지나치게 비지시적 상담 기법을 사용했는지도 모릅니다. 또 분명하게 메시지를 전달하거나 깊은 관심을 드러낼 용기가 부족했는지도 모릅니다. 그러나 그렇지 않았다면 뭔가 달라진 것이 있었을까요?

용어를 바꾸거나, 우리가 사용하는 말들의 순서나 성격을 새롭게 바꿈으로써 구원이 이루어지기를 기대한다면 존이 해리슨 씨를 방문한 것은 별 의미가 없어 보일 것입니다. 우리는 오히려 "존이 해리슨 씨를 만나지 않고 그를 홀로 내버려두었더라면 더 좋지 않았을까? 만약 그랬다면 그가 한 설교자의 등장과 관련하여 나쁜 기억을 되살리는 일은 없지 않았을까?"라고까지 자문해 볼 수 있을지 모릅니다.

그렇습니다. 만약 해리슨 씨가 익명성의 환경에 둘러싸여 있을 때 자신의 이름을 부르고, 자신의 형제가 되어 줄 사람의 얼굴을 명확히 볼 수 있었다면…. 만약 존이 해리슨 씨가 보고 만지고 냄새 맡고 그 말을 귀로 직접 들으며 그 존재를 부정할 수 없는 인물이었다면…. 만약 혼돈된 상태에 있는 해리슨 씨에게 다가와 그를 바라보고 그에게 말을 건네며 진정한 관심의 표시로 그를 만져 주는 사람이 있었다면 그것은 중요한 의미를 가졌을 것입니다.

과거와 미래의 공허함은 결코 말로 채워질 수 없으며 오로지 사람의 존재로만 채워질 수 있습니다. 오직 그럴 때만 소망이 싹 틀 수 있는데, "아무것도, 아무도 없어요"라는 해리슨 씨의 불평에는 적어도 한 가지 예외가 존재합니다. 그래서 그 소망 때문에 그는 "어쨌든, 누군가 나를 기다리고 있을 거야"라고 속삭일 것입니다.

삶 가운데서의 기다림

자신의 존재를 드러내지 않고 리더십을 행할 수 있는 사람은 아무도 없습니다. 리더십이란 우리 환경의 익명성과 무관심에서 걸어나와 사람들에게 자신과 교제할 수 있다는 것을 분명히 보여 주는 것입니다.

존이 해리슨 씨에게 실제적으로 다가가 그의 진정한 관심을 해리슨 씨에게 표현할 수 있다 하더라도, 그 다음 어떻게 해야 해리슨 씨를 두려움으로부터 구해 내일에 대한 희망으로 인도할 수 있었을까요? 존을 비롯하여 해리슨 씨를 염려하는 사람이라면 누구든 해리슨 씨가 죽기를 바라지는 않았을 것이라는 사실에 대한 인식을 논의의 출발점으로 삼기로 합시다. 그 수술은 해리슨 씨의 다리를 구하기 위한 것이었습니다. "수술이 성공할 것 같아요"라는 해리슨 씨의 조심스런 추측을 비난할 만큼 무정한 사람은 없을 것입니다. 수술을 앞두고 있는 환자에게 '내일'이란 회복의 날이지 죽음의 날일 수 없습니다.

그러므로 존의 임무는 자신의 환자인 해리슨 씨의 회복의 욕망을 강화시키고, 삶과 투쟁하고 있는 미약한 그의 힘을 보강해 주는 것이었습니다.

그러면 어떻게 할 수 있겠습니까? "아무것도, 아무도 없어요"라는 해리슨 씨의 위험한 속단이 사실이 아니도록 만들거나, 자신을 마비시키는 불평에 지나지 않는 것으로 축소시키거나, 해리슨 씨의 그릇된 자아상에 대해 정면 공격을 가함으로써 그렇게 할 수 있습니다. 다시 말해 "저를 보세요, 그리고 다시 한 번 말씀해 보세요. 제 눈을 들여다보면 당신이 틀렸다는 것을 알 수 있을 것입니다. 저는 여기 있어요, 저는 당신을 기다리고 있을 것입니다. 저는 내일도 그리고 모레도 여기 있을 거예요. 당신은 나를 실망시키지 않을 거예요"라고 말하는 것입니다.

자기를 기다리는 사람이 아무도 없는데 계속 살아 있을 수 있는 사람은 아무도 없습니다. 길고 힘든 여행에서 돌아오는 사람들은 누구나 역이나 공항에서 자기를 기다리고 있는 사람을 찾습니다. 또한 자신이 돌아오기를 집에서 기다리고 있던 사람들에게 자신의 얘기를 들려주고 싶어 하며, 자신이 겪었던 고통과 즐거움의 순간들을 그들과 함께 나누고 싶어 합니다.

1892년 산업계의 거물이었던 헨리 클레이 프릭(Henry Clay Frick)을 살해하려 했던 무정부주의자 알렉산더 버크맨(Alexander Berkman)은 바깥세상에서 그를 기다리던 몇 명의 친구들이 없었다면 아마도 14

년 동안의 가혹했던 감옥 생활 동안 미쳐 버렸을 것입니다.[15]

《소울대드 브라더》(Soledad brother)의 조지 잭슨도 그런 경우입니다. 그는 1960년 18세의 나이로 주유소에서 70달러를 강탈하다 붙잡혀 감옥에 들어간 뒤, 1971년 탈옥 중에 사살되었습니다. 그의 어머니와 아버지, 형제들인 로버트와 조나단 그리고 친구 페이 스텐더가 바깥세상에서 그를 기다리며, 잭슨이 보낸 편지에 꾸준히 반응을 보여 주지 않았다면 잭슨은 그처럼 감동적인 한 인간의 기록을 남기지 못했을 것입니다.[16]

사람은 자기를 기다려 주는 사람이 한 명이라도 있으면 온전한 정신으로 생명을 이어 갈 수 있습니다. 정말로, 인간의 정신은 그 육체가 쇠약한 상태에 있다 할지라도 육체를 다스릴 수 있습니다. 임종을 눈앞에 둔 어머니는 아들을 보기 전까지는 생사와의 투쟁을 포기하지 않고 숨을 이어갑니다. 아내와 자식들이 기다리고 있음을 아는 군인은 정신적, 육체적으로 무너지는 것을 막을 수 있습니다. 그러나 '아무것도, 아무도' 기다리지 않는다면 삶의 투쟁에서 살아남을 가능성은 전혀 없습니다.

해리슨 씨의 경우 의식을 회복하는 것은 마치 수천 명이 이리저리 뛰어가지만 그에게 손을 들어주거나, 그를 알아보고 미소를 지으며 그에게 다가오거나, 다시 생명을 누리는 삶으로 돌아온 것을 환영하는 사람이 전혀 없는 역에 도착하는 것 같았습니다. 따라서 해리슨 씨에게는 마취 상태에서 깨어나야 할 이유가 전혀 없었던 것입니다. 존이 바로 그 이유가 될 수 있었을지도 모릅니다. 해리슨 씨가 회복되는 것이 그를 기다리고 있는 사람에게는 일종의 선물이라는 사실을 깨닫게 함으로써 존은 그의 생명을 구할 수 있었을지도 모릅니다.

수천 명의 사람들이 자살을 하는데, 그 이유는 내일 그들을 기다리고 있는 사람이 아무도 없기 때문입니다. 누군가를 위해 살아야 하는데 그 대상이 없다면 살아갈 이유가 없는 것입니다.

그러나 만일 어떤 사람이 누군가에게 "당신이 떠나가도록 두지 않겠습니다. 나는 내일 여기서 당신을 기다리고 있겠습니다. 나를 실망시키지 않기를 바랍니다"라고 말한다면, 내일은 더 이상 끝없이 길고 어두운 터널이 아닙니다. 그에게 한 번 더 삶의 기회가 주어지기를 바라며 기다리는 형제를 통해 내일은 구체적 현실로 그에게 다가옵니다.

내일이 오로지 담배 수확과 중노동, 그리고 외로운 삶만을 의미하는 상황에서는 해리슨 씨가 수술을 집도하는 외과 의사에게 협조할 수 없었습니다. 하지만 존이 내일의 문턱에 서서 그를 기다리고 있었다면 해리슨 씨는 다음 날을 기대했을 것이고 의사에게 협조했을지도 모릅니다.

1시간 정도로는 누군가의 생명을 구하는 관계가 이루어지기 어렵다는 말로 기다림의 능력을 과소평가하지 맙시다. 사람이 고뇌하고 있을 때는 단 한 번의 눈짓이나 단 한 번의 악수가 몇 년 동안 쌓아 온 우정을 대신할 수도 있습니다. 사랑은 영원할 뿐 아니라 눈 깜짝할 사이에 생길 수도 있습니다. 존은 해리슨 씨의 내일이 됨으로써 그의 생명을 구할 수 있었을지도 모릅니다.

죽음 앞에서의 기다림

그러나 해리슨 씨의 회복 여부는 결코 확신할 수 없었습니다. 그 누구보다도 해리슨 씨 자신이 그 사실을 잘 알고 있었습니다. 그는 자신의 죽음에 대해 세 번이나 분명하게 말했습니다. 수술 결과에 대해 긍정적인 기대를 하기에는 자신의 병이 너무 깊었다는 것을 알고 있었습니다.

해리슨 씨가 존 앨런과 나눈 짧은 대화를 살펴보면 그는 삶으로 되돌아가는 것보다 죽음을 훨씬 더 두려워했던 것 같습니다. 내일이면 살아 있지 못할 가능성이 높은 사람에게 존이 찾아와서 그를 기다리겠다고 말하는 것은 엉뚱한 짓 아닐까요? 회복될 것이고, 점점 더 건강을 찾을 것이라는 말을 통해 많은 환자가 우롱을 받아 왔지만, 그런 위로의 말을 하는 사람들 자신도 자기가 하는 말을 믿는 경우는 거의 없습니다. 내일을 기다리겠다는 것이 그 환자가 마지막으로 듣는 얘기가 될 것이 거의 확실한 상황에서 그런 얘기가 무슨 의미가 있겠습니까?

여기서 우리는 존과 해리슨 씨의 만남에 있어서 가장 민감한 부분을 다루게 됩니다. 건강해 보이고 지적인 한 사람이 이제 '죽음의 그림자가 짙게 드리운 한 사람을 왜 찾아가야 하며, 왜 그에게 실제적인 존재가 되어 주어야 하는 걸까요? 죽어 가는 사람이, 이제 막 삶을 시작하려는 다른 누군가를 대면하는 것이 무슨 의미가 있습니까? 이것은 심리적인 고문처럼 보입니다. 다시 말해 존의 방문은 죽어 가는 해리슨 씨에게 자신이 매우 다른 삶을 살았을 수도 있다는 사실을 기억하게 하지만, 돌이키기에는 너무 늦었습니다.

사람들은 대부분 죽음에 대한 생각으로 관계를 불편하게 만들고 싶어 하지 않습니다. 그들은 어떤 사람이 죽어 갈 때 죽음이 다가오고 있다는 사실을 당사자는 전혀 모르기를 바랍니다. 분명히 존은 이런 거짓된 장난으로 해리슨 씨를 내일로 인도할 수는 없었습니다. 존이 만약 그렇게 했다면 그것은 해리슨 씨를 인도하는 것이 아니라 오도하는 것이 되었을 것입니다. 해리슨 씨로부터 죽음을 맞는 인간으로서의 권리를 빼앗는 결과를 초래했을 것입니다.

"나는 당신을 기다리고 있겠습니다"라고 말하는 것이 해리슨 씨가 회복될 때만 타당하다면, 존은 정말로 그 말을 해도 되는 것입니까? 아니면 다른 사람에게 무슨 일이 일어나더라도, 심지어 그가 죽게 되더라도 기다린다는 것이 가능합니까?

　죽음이란 문제에 있어서는 존과 해리슨 씨 사이에 별 차이가 없습니다. 두 사람 모두 죽을 것이기 때문입니다. 차이가 있다면 그 것은 시간의 차이뿐입니다. 그러나 두 사람이 서로 동료가 되었다면 시간의 차이에 무슨 의미가 있습니까? 만약 존의 기다림이 해리슨 씨의 생명을 구할 수 있었다면, 그의 기다림이 가지고 있는 능력은 해리슨 씨가 회복될 것인지 아닌지에 좌우되지 않을 것입니다. 왜냐하면 두 사람이 서로에게 실제적인 존재가 되었을 때, 기다림은 삶과 죽음 사이의 가느다란 경계선을 뛰어넘는 것이 분명하기 때문입니다.

　해리슨 씨는 죽는 것을 두려워했습니다. 정죄받는 것과 자신의 고립이 영원히 연장되는 것을 두려워했기 때문입니다. 지옥에 대한 해리슨 씨의 개념은 여러 가지겠지만, 자신의 존재가 전적으로 거절되는 것이라는 개념이 가장 컸습니다. 그러나 해리슨 씨가 존의 존재를 받아들일 수 있었다면 어떻게 됐을까요? 그렇다면 해리슨 씨는 자신이 느끼는 두려움에 저항하고 있는 사람이 적어도 자기 혼자만이 아니며, 죽음의 순간에 혼자가 아님을 느낄 수 있었을 것입니다.

　정말로 죽음을 눈앞에 둔 상황에서도 인간은 신실할 수 있고, 일상생활로 복귀하는 것을 전제로 해서만이 아니라, 인간 존재의 중심적 문제인 죽음을 경험하게 될지라도 변하지 않고 신실할 것을 상대방에게 말할 수 있습니다.

"나는 당신을 기다리고 있겠습니다"라는 말에는 "만약 당신의 수술이 성공하여 깨어나면 제가 기다리고 있을 것입니다"라는 것 이상의 뜻이 담겨 있습니다. '만약'이란 없습니다. "나는 당신을 기다리고 있겠습니다"라는 말은 죽음을 뛰어넘는 것이며, 믿음과 소망은 끊어질지라도 사랑은 영원하다는 사실을 가장 심오하게 표현한 것입니다.

"나는 당신을 기다리고 있겠습니다"라는 말은 죽음의 사슬을 끊는 결속(solidarity)의 표현입니다. 그 순간에 존은 더 이상 좋은 조언을 해 주려고 애쓰는 성직자가 아니며, 해리슨 씨도 더 이상 수술이 무사히 끝날 수 있을지 걱정하는 농부가 아닙니다. 오히려 생명은 영원한 것이고 생체 작용의 중단으로 사라져 버리는 것이 아니라는 가장 깊은 인간의 본능적 직관을 깨닫는 사람들이 되는 것입니다.

사람은 자신이 인도하는 사람이 내일 죽을지라도 그를 내일로 인도할 수 있습니다. 삶과 죽음, 그 양쪽 모두에서 기다릴 수 있기 때문입니다. 그러나 만약 존이 해리슨 씨를 인도해 그를 담배 농장으로 돌려보냈을 때, 그것이 죽을 수밖에 없는 자의 죽음을 한 번 지연시킨 것에 불과했다면 그렇게 하는 것이 무슨 의미가 있겠습니까?

죽음이 연기되어도 언젠가는 죽기 때문에 사람들은 죽음에 대해 저항합니다. 바로 이 저항감으로 말미암아 해리슨 씨에게 회복의 힘이 불어넣어지거나 죽음에 대한 공포를 극복함으로써, 죽음이란 그를 기다리는 사람이 있는 또 다른 삶으로 들어가는 것이 되었을 수도 있습니다. 그러므로 만약 존이 해리슨 씨에게 실제적인 존재가 되어 주고 삶과 죽음 양쪽에서 그를 기다려 주었다면 그는 해리슨 씨를 내일로 인도할 수 있었을지도 모릅니다.

존이 해리슨 씨의 안내자 또는 인도자가 될 수 있는 가장 좋은 길은, 사실 존이 해리슨 씨의 마비 상태에 자발적으로 동참하는 것입니다. 해리슨 씨를 마비 상태에서 해방시키기 위해서, 그리고 해리슨 씨를 다시 자신의 삶을 책임지는 사람으로 만들기 위해서는 존의 개인적이고 인격적인 참여가 반드시 필요했습니다.

이런 의미에서, 존은 육체적 회복을 수반하든 하지 않든 간에 해리슨 씨의 생명을 구할 수 있었을 것입니다. 존이 이렇게 기다렸다면 해리슨 씨는 외과 의사의 손에 맡겨진 수동적인 병자가 아니라, 중요한 결정을 스스로 내릴 수 있는 한 사람으로서 수술을 받을 수 있었을 것입니다.

해리슨 씨의 상태는 단순히 특정 병원에 입원해 있는 어떤 환자의 상태 이상입니다. 그것은 실로 모든 이들의 상태를 보여 줍니다. 리더십은 잘 훈련된 신학자에 의해서만 실현될 수 있는 것이 아니라, 모든 기독교인이 감당해야 할 일입니다. 이제 존과 해리슨 씨의 만남에서 드러나는 크리스천 리더십의 주요한 원칙들을 논의해 보겠습니다.

크리스천 리더십의
원칙들

예수 그리스도, 그분의 생애, 그분의 십자가, 그리고 그분의 부활에 대해 언급하지 않고서 우리가 어떻게 크리스천 리더십에 대해 논할 수 있겠습니까? 이 책의 첫 장에서부터 그분은 나타나십니다.

해리슨 씨의 상태를 이해하고 창조적 반응을 모색하기 위해서는 하나님이 예수 그리스도를 통해 계시해 주신 것들을 먼저 알아야 합니다. 하나님의 계시를 통해 우리는 해리슨 씨의 마비 상태에서 인류의 상태를 볼 수 있습니다. 우리는 삶과 죽음을 가르는 경계를 넘어서서 다른 사람을 기다릴 수 있으며, 하나님은 바로 그것이 그리스도를 따르는 것이라고 계시해 주십니다. 그러므로 우리는 해리슨 씨와 존의 만남에서 크리스천 리더십의 기본적인 원칙들을 발견할 수 있습니다.

첫 번째 원칙은 개인적 관심인데, 이것은 동료를 위해 자신의 생명을 내놓을 것을 우리에게 요구합니다. 두 번째 원칙은 삶의 가치와 의미에 대한 확고한 믿음으로, 삶이 힘든 시기에도 변함없는 믿음이어야 합니다. 세 번째 원칙은 항상 내일을 기대하는 적극적 소망입니다. 그 소망은 죽음의 순간도 넘어서는 것입니다.

이 모든 원칙은 한 가지 확신에 근거하고 있습니다. 하나님이 인간이 되셨기 때문에 인간을 자유롭게 할 수 있는 것은 바로 인간입니다. 이제 존이 해리슨 씨를 방문한 사건에서 나타난 이 세 가지 원칙을 자세하게 살펴보겠습니다.

개인적 관심

고통받고 있는 인간의 마음을 아프게 하는 태도가 있다면, 바로 무관심입니다. 도움을 절실히 필요로 하는 사람들은 자신의 얘기에 귀기울여 주고, 격려의 말을 해 주며, 용서하며, 안아 주며, 자신의 손을 꼭 잡아 주며, 부드러운 미소를 지어 주거나 더 이상 도울 능력이 없다는 말이라도 듣고 싶어 합니다.

그런데 사역자들은 그들의 곤경에 깊이 관여하고 싶어 하지 않습니다. 바로 이것이 기독교 사역에 있어서 비극입니다. 그런 목회자들은 애정이나 분노, 적대감이나 동의를 표현할 능력이 없거나 표현하려고 하지 않습니다.

‘모든 사람’을 위해 존재하고 싶어 하는 목회자들이 더러 그 누구에게도 친밀하지 못하다는 것은 엄청난 역설입니다. 모든 사람을 내 ‘이웃’으로 생각한다면, 그 모든 사람이 나의 ‘프락시머스’(proximus), 곧 내게 가장 가까운 사람이 될 수 있을지 생각해 보십시오.

지금까지는 지도자가 다른 이들을 도와 줄 때 자신의 개인적 감정과 태도를 개입시키지 말아야 함을 강조하는 얘기들이 많았습니다.[17]

그러나 이제는 기본 원칙을 다시 세워야 할 것 같습니다. 누군가에게 진정으로 도움을 주기 위해서는 그가 처한 상황에 개입해야 하며, 남에게 도움을 주기 위해서는 그의 고통스러운 상황에 전인격으로 참여해야 하고, 그 과정에서 마음이 상하거나 상처 입고 심지어는 파멸할 수도 있는 위험 부담을 감수해야 합니다.

크리스천 리더십의 처음이자 끝이 되는 핵심은 남을 위해 자신의 생명을 내어 주는 것입니다. 진정한 순교란 우는 사람들과 함께 울고 웃는 사람들과 함께 웃는 것에서 시작하며, 고통스럽거나 즐거운 자신의 경험들을 다른 사람들이 마음껏 이용할 수 있도록 하여 그들이 스스로의 상태를 분명히 인식하고 이해할 수 있도록 돕는 것입니다.

불난 집에서 아이를 구하면서 화상 입을 각오도 하지 않는 사람이 있겠습니까? 고독과 절망에 대한 얘기를 들으면서 그와 유사한 고통을 경험하거나 마음의 평정을 잃어버릴지 모른다는 걱정을 하지 않을 사람이 있겠습니까? 간단히 말해, 고통의 상황 속으로 들어가지 않고서 고통을 없애 버릴 수 있는 사람이 어디 있겠습니까?

리더십에 대한 커다란 착각은, 광야의 고난을 겪어 보지 않은 사람이 다른 사람들을 광야에서 벗어나도록 인도할 수 있다는 것입니다. 리더십을 발휘하려는 사람은 다른 사람을 이해하려고 해야 하며 그 이해된 것을 다른 사람들과 함께 나눌 필요가 있습니다.

이런 사실을 알려 주는 예들은 우리의 삶에 많이 있습니다. 만약 어떤 일을 예방하거나 새로운 일을 이루는 것, 또는 추상적인 '일반적 선'(善)을 행하는 것이 리더십이라고 정의를 내린다면 우리는 십자가에 못 박혀 고난을 당하시는 하나님 외에 어떤 신도 우리를 구할 수 없다는 사실을 잊고 있는 것입니다. 죄의 처참한 결과로 고통당해 본 사람만이 다른 사람들을 인도할 수 있다는 사실도 잊고 있는 것입니다.

개인적 관심을 가질 때, 해리슨 씨는 내게 중요한 단 한 사람이 되는 것입니다. 나는 그를 위해 내게 주어진 다른 많은 의무들, 정해진 약속들, 오랫동안 준비되어 온 모임들조차도 기꺼이 잊어버릴 수 있습니다. 그런 것들이 중요하지 않아서가 아니라 해리슨 씨의 고뇌가 그런 것들보다 더 긴급하기 때문입니다. 개인적 관심을 가질 때 '잃어버린 양 한 마리'를 찾아다니는 것이 남겨진 자들에게도 진정으로 봉사하는 것임을 체험할 수 있습니다.

사람들은 그들 중 단 한 사람에 대한 염려 때문에 사방으로 그를 찾아다니는 지도자를 신뢰할 것입니다. 한 사람을 위해 다른 많은 사람을 잊는 것이 진정한 리더십의 표시라는 이 이야기는 "그분은 우리를 정말로 돌보십니다"라는 말의 예화로 많이 사용됩니다.

사람들이 자신의 결혼을 축복해 주거나 아버지의 장례식을 주관하는 목회자의 설교에 귀를 기울이는 것은 호기심 때문만이 아닙니다. 목회자가 그 시간 동안 관심을 기울여 즐거움이나 고통 가운데 있는 자신들에게 마음 깊이 전달되는 말씀을 해 줄 것이라는 소망이 있기 때문입니다. 모든 사람에게 적용 가능하도록 구성된 설교에 귀를 기울이는 사람은 별로 없지만, 단 몇 사람에 대한 관심에서 나온 말씀에는 대부분 주의를 기울입니다.

이제 우리는 용기를 내어 가장 고유하고 개인적인 인생의 체험을 할 때 공동체의 핵심을 접할 수 있다는 것을 알 수 있습니다. 한 사람의 소외와 혼란을 이해하고 느끼고 명료화하기 위해 오랜 시간 노력해 온 사람은 분명 많은 사람의 필요에 대답할 준비가 가장 잘되어 있는 사람일 것입니다. 왜냐하면 고통과 기쁨의 근원은 모든 사람이 똑같기 때문입니다. 바로 이 점을 잘 파악한 칼 로저스(Carl Rogers)는 이렇게 말했습니다.

가장 은밀하고 가장 개인적인 느낌, 그래서 따라서 다른 사람이 좀처럼 이해할 수 없을 것 같았던 그 느낌이 많은 사람의 마음속에서 반향을 일으킨다는 사실을 알게 되었습니다. 우리 내면의 가장 개인적이고 고유한 것이야말로 다른 사람에게 표현되고 나누어질 때 그들 마음속 가장 깊이 전달될 요소임이 분명합니다. 이 경험을 통해서 나는 자신들 내면의 고유한 것을 과감하게 표현했던 예술가와 시인들을 이해하게 되었습니다.[18]

기독교 지도자는 실제로, 가장 개인적인 관심사를 담대하게 표현함으로써 많은 사람을 하나로 묶는 예술가인 것 같습니다.

삶의 가치와 의미에 대한 믿음

절망과 죽음에 직면해서도 삶의 가치와 의미에 대한 믿음을 간직하는 것이 크리스천 리더십의 두 번째 원칙입니다. 이 원칙은 너무 당연한 것이어서 오히려 간과되는 경우가 종종 있습니다.

존이 해리슨 씨를 방문하는 데는 개인적 관심이 필요했습니다. 그러나 그 관심이 지속되기 위해서는 그 만남을 통해 삶의 가치와 의미에 대한 믿음이 구체화되어 자라 가야 합니다. 새롭게 기대할 만한 것이 아무것도 없고, 모든 것이 익숙한 얘기 같고, 사역이 일상의 삶으로 전락하고 말았다면 크리스천 리더십은 막다른 골목에 들어선 것입니다. 많은 사람이 그 막다른 골목에 도착해서 늘 듣던 말, 늘 일어났던 일들, 늘 만나 왔던 사람들에 둘러싸여 있습니다.

그러나 삶의 가치와 의미에 대해 뿌리 깊은 믿음을 가진 사람은 모든 경험에서 새로운 약속을 발견하고, 모든 만남에서 새로운 깨달음을 얻으며, 모든 일에서 새로운 메시지를 얻습니다. 그러나 이러한 약속, 깨달음, 메시지는 저절로 나타나는 것이 아니라 발견해야 하고 눈에 보이게 만들어야 합니다.

어떤 기독교 지도자가 참된 지도자가 되기 위해 필요한 것은 새로운 생각을 발표하고 다른 사람들에게 그 가치를 납득시키려고 노력하는 것이 아닙니다. 기대에 찬 눈으로, 세상의 잠재력을 가리고 있는 장막을 걷어 버릴 수 있는 식견을 가지고 세상을 직시하는 것입니다.

크리스천 리더십이 사역으로 불릴 수 있는 것은 그들이 다른 사람들을 섬기는 가운데 새로운 생명이 발현되기 때문입니다. 그런 섬김을 통해 사람들은 길거리 도로의 갈라진 틈새에서 꽃이 피는 것을 볼 수 있고, 증오와 적대감 속에서도 용서의 말을 들을 수 있으며, 죽음과 파괴의 장막 밑에서 새생명을 느낄 수 있게 됩니다.

해리슨 씨는 성직자의 도움을 거부하는 신랄하고 적의에 찬 사람이 아니었습니다. 참된 사역자의 관점에서 볼 때, 해리슨 씨는 인간다운 죽음을 맞이하고 무의식 상태에서 생명이 사라져 가는 사람이 아니었습니다. 그는 스스로 생명을 내어 놓음으로써 인간의 존엄성을 지킬 수 있어야 함을 나타내 보인 사람입니다. 기독교인이라면 거칠고 침울한 해리슨 씨의 말 속에서 임박한 죽음 뒤에 숨겨져 있는 것을 직면하며 도와 달라는 외침, 그리고 삶과 죽음 양편에서 자신과 함께 있어 줄 누군가를 찾는 절규를 들을 수 있습니다.

그러므로 위기의 상황에서 존과 해리슨 씨의 만남은 우연한 사건이 아닙니다. 그 만남은 두 사람 모두에게 인간의 심령이 기본적으로 추구하는 것이 무엇인지 발견하거나 재발견하도록 하는 직접적인 호소입니다. 그러나 삶의 가치와 의미에 대해 확고한 믿음을 가지고 있는 사람, 삶은 정지된 상태로 주어지는 것이 아니며 사람과 세계 사이의 계속되는 만남 가운데 그 신비로운 모습을 드러내는 것이라는 사실을 아는 사람만이 그러한 외침과 절규를 들을 수 있습니다.

소망

개인적 관심이 지속되기 위해서는 삶의 가치와 의미에 대한 믿음이 계속해서 성장해야 합니다. 하지만 다른 사람들을 미래로 인도하는 가장 깊은 동기는 소망입니다. 소망은 다급하고 절박한 갈망을 충족시키는 차원을 넘어 더 멀리 바라볼 수 있게 하고, 인간의 고통과 죽음까지도 바라보게 해 주기 때문입니다. 기독교 지도자는 소망의 사람이며, 궁극적으로 그의 힘의 근원은 자신의 인격에 대한 자신감이나 미래에 대한 구체적인 기대가 아니라 그가 받은 약속에 있습니다.

이 약속 때문에 아브라함은 미지의 땅을 향해 길을 떠났고, 모세는 그 백성을 노예 상태로부터 인도했습니다. 뿐만 아니라 부패와 죽음 가운데서도 오로지 새로운 삶을 향해 정진하는 모든 기독교인에게 그 약속은 그들을 인도하는 동기가 됩니다.

이 약속의 소망이 없다면 우리는 멸망해 가는 사람과의 만남에 가치와 의미를 부여할 수도, 개인적인 관심을 가질 수도 없을 것입니다. 이 소망이 있기 때문에 인간은 자신의 심리적 능력이 지니는 한계를 초월합니다. 이 소망의 근거가 한 개인의 영혼에 있는 것이 아니라 역사를 통해 계시되신 하나님 안에 있기 때문입니다.

크리스천 리더십은 삶에 대한 낙관주의가 아니라 그리스도가 이 땅에 오셨던 역사적 사건에 바탕을 두고 있습니다. 이는 인간의 시험과 범죄의 사슬을 끊는 결정적 사건이며, 어둠의 반대편에 희망의 빛이 있음을 극적으로 확인시켜 준 사건입니다.

이 소망을 우리 환경에서 표면적으로 드러나는 것들과 결부시키려는 시도는 하나의 유혹입니다. 크리스천 리더십의 근간은 이미 확고하게 성공한 것들이 아니라 약속들이라는 사실을 깨닫지 못하도록 방해하기 때문입니다. 많은 목회자, 성직자, 그리고 평신도는 수년 간에 걸친 고된 작업이 아무런 결실도 맺지 못하거나 조금의 변화도 없을 때 환멸을 느끼고 비통해지며 적대감까지 품습니다. 구체적 결과에 대한 기대에 근거하여 소명을 수행하는 것은 단단한 반석이 아니라 모래 위에 집을 짓는 것과 같아서, 우리에게 은혜로 주어지는 성공마저도 받아들일 수 없게 만듭니다.

소망으로 말미암아 우리는 현재 소유하고 있는 것에 집착하지 않을 수 있으며, 안전한 장소를 떠나 알려지지 않고 두려운 땅으로 갈 수 있습니다. 낭만적인 이야기로 들릴지도 모릅니다. 하지만 인간이 자신의 동료와 함께 죽음의 두려움 속으로 들어가 바로 그곳에서 그 동료를 기다릴 수 있을 때, '안전한 장소를 떠난 것'은 고난도의 리더십이라 볼 수 있습니다. 오직 순수한 소망을 가지고 죽음으로 들어가셨던 그리스도의 고난의 길을 따라 제자의 도를 행하는 것입니다.

섬김만이
이끌 수 있는 것

내일을 기다리는 것은 크리스천 리더십에 속합니다. 그것을 행하기 위해서는 개인적 관심, 삶의 가치와 의미에 대한 깊은 믿음, 죽음의 경계를 뛰어넘는 강력한 소망이 필요합니다.

그러므로 크리스천 리더십은 섬김을 통해서만 성취될 수 있음이 분명합니다. 섬기기 위해서는 인간이 그 동료와 함께 나누어야 하는 모든 취약점을 가지고 상황 속으로 기꺼이 뛰어들어야 합니다. 그것은 고통이 수반되는 자기 부인의 경험이지만, 동시에 인간을 혼란과 공포의 감옥에서 구할 수 있는 경험이기도 합니다.

크리스천 리더십의 역설은 안으로 들어가는 길(the way in)만이 바깥으로 나가는 길(the way out)이라는 것입니다. 곧 우리가 사람의 고통에 동참할 때에만 그 고통에서 구원받게 됩니다.

존이 해리슨 씨의 고뇌 속으로 들어가 그곳에서 그를 기다려야 했던 것처럼, 모든 그리스도인은 이웃과 함께 그들의 두려움 속으로 들어가 그 두려움을 극복하고 이웃의 고통에 동참하며 교제함으로써 자유의 길로 함께 나아가라고 도전받고 있습니다.

The Wounded Healer

Chapter 4

'외로운
사역자'의
사역

상처 입은 치유자,
예수를
본받다

　　이 강박적인 세상에는 우리가 해방자를 기다리고 있다는 사실을 매우 담대하게 소리 높여 알리고 있는 사람이 많습니다. 그들은 우리가 증오와 억압으로부터, 민족주의와 전쟁으로부터 우리를 자유케 하며 평화와 정의를 주는 메시아를 기다리고 있다고 말합니다.

　　만약 사역이 바로 이 메시아의 약속을 붙잡는 것이라면, 그의 도래에 대해 배움으로써 우리는 오늘날 사역이 무엇을 요구하는지 더 깊이 이해할 수 있을 것입니다.

우리의 해방자는 어떻게 오실까요? 탈무드에서 그 대답의 실마리를 제공해 줄 만한 오래된 이야기 하나를 찾았습니다.

> 랍비 요쉬아 벤 레비는 랍비 시메론 벤 요하이의 동굴 입구에서 예언자 엘리야를 우연히 만났습니다. 그는 엘리야에게 물었습니다.
> "메시아가 언제 오실까요?"
> "가서 그분에게 직접 물어보시오."
> "그분은 어디 계십니까?"
> "성문에 앉아 계신다네."
> "그분을 어떻게 알아볼 수 있습니까?"
> "그분은 온몸이 상처로 뒤덮여 있는 가난한 자들 속에 앉아 계시네. 다른 사람들은 그들의 상처를 한꺼번에 모두 풀고 다시 그것들을 묶곤 하지. 하지만 그분은 한번에 하나의 상처를 풀고 그것을 다시 묶는다네. 이렇게 말하면서 말이야. '언제라도 나의 도움이 필요한 사람이 있을지 모르니 그 순간에 지체되지 않도록 항상 준비하고 있어야지.'"[19]

이 이야기에 따르면, 메시아는 가난한 사람들 가운데 앉아 계시고 한 번에 하나씩 그분의 상처를 싸매며 자신이 필요하게 될 때를 기다리고 계십니다. 사역자도 마찬가지입니다. 사람들이 해방될 수 있다는 첫 번째 징후를 명백하게 제시하는 것이 사역자의 의무이므로, 그는 자신의 역할이 필요할 순간을 기다리며 조심스럽게 자신의 상처를 싸매야 합니다. 그는 '상처 입은 치유자'가 되도록 부름 받았습니다. 자신의 상처를 먼저 돌보는 동시에, 다른 사람들의 상처를 치유할 수 있도록 준비되어야 한다는 말입니다.

그는 상처 입은 사역자이자 치유하는 사역자입니다. 이 두 가지 개념을 마지막 장에서 자세히 살펴보고자 합니다.

'상처 입은'
사역자

앞서 언급된 탈무드 얘기에 따르면, 메시아는 한 번에 하나씩 자신의 상처를 싸매셨기 때문에 누군가에게 도움을 주어야 할 때, 즉시 도와줄 준비가 되셨습니다. 그분은 이미 다른 사람을 도울 준비가 되셨습니다. 예수님은 자신의 몸이 찢기심으로써 친히 건강과 해방, 그리고 새생명의 길이 되어 주셨기 때문에 앞서 소개한 이야기는 새롭게 풍성해졌습니다.

그러므로 예수님처럼 해방을 선포하는 사람은 자신의 상처뿐 아니라 남의 상처도 돌보아야 합니다. 또한 자신의 상처를 치유 능력의 주된 원천으로 삼아야 합니다.

그러면 우리의 상처는 무엇입니까? 이에 대해 사람들은 다양한 방식과 다양한 목소리로 얘기해 왔습니다. '소외', '단절', '고독', '외로움' 같은 단어들이 바로 상처 입은 우리의 상태를 표현하기 위해 사용되었습니다.

그중에서도 '외로움'이 지금 우리가 직접적으로 경험하고 있는 것을 가장 잘 표현하고, 우리의 실패를 적절히 이해하는 데 도움이 되는 단어일 것입니다. 사역자에게 외로움은 특히 고통스럽습니다. 현대 사회를 살아가는 인간으로서 경험하는 외로움 외에도, 사역자의 일 자체의 의미가 변화하는 데서 기인하는 추가적인 외로움이 있기 때문입니다.

개인적 외로움

우리가 사는 사회에서 인간의 가장 고통스러운 상처들 가운데 하나가 바로 외로움입니다. 외로움은 태어난 직후부터 우리 삶에 만연합니다. 경쟁이 점점 심해지면서 우리는 고독을 뼈저리게 느낍니다. 이러한 인식으로 사람들은 불안감이 고조되었고 일체감과 공동체 의식을 강렬히 추구하게 되었습니다. 또한 사랑과 우정, 형제

애가 어떻게 그들을 외로움에서 해방시키는지, 어떻게 그들에게 친밀감과 소속감을 줄 수 있는지에 대해 새롭게 질문하게 되었습니다.

주위에서 우리는 서구 사람들이 외로움을 떨쳐 버리기 위해 사용하는 여러 가지 방법들을 접합니다. 많은 단체는 심리 요법, 언어적·비언어적 의사소통 기법 등을 사용해 집단 경험을 제공합니다. 단체들, 학자들, 훈련자들 또는 '안아 주는 사람'(hugger) 등의 지도하에 사람들이 공통의 문제를 나눌 수 있는 여름 강연회가 있습니다. 평화를 말하는 데서 그치지 않고 평화가 실제로 느껴질 수 있는 친밀한 의식을 만들어 보려는 다양한 실험도 있습니다. 이와 같은 현상은 모두 다 외로움이라는 부동의 벽을 뚫어 보려는 인간의 고통스러운 시도입니다.

그러나 외로움에 대해 생각하면 할수록 외로움의 상처가 그랜드캐니언과 비슷하다는 생각이 듭니다. 즉 그 상처는 우리 존재의 표면에 깊이 새겨져서 끊임없는 아름다움과 자기 이해의 원천이 됩니다.

그러므로 이제 나는 사람들이 달가워하지 않고 혼란스러워 할지라도 크고 분명하게 말하고자 합니다.

기독교적 삶의 방식은 외로움을 없애는 것이 아니라 외로움을 보호하여 값진 선물로 소중히 간직하게 합니다. 때로 우리는 인간이 느끼는 기본적인 외로움과 직면하는 것을 회피하기 위해 가능한 모든 일을 하는 것 같습니다. 그리하여 **빠른** 만족과 **빠른** 위안을 약속하는 거짓 신들의 덫에 걸립니다.

그러나 사무치게 외로움을 느끼면서 자신의 한계를 초월할 수 있고 존재의 경계 너머에 있는 것을 바라볼 수 있습니다. 외로움에 대한 인식은 우리가 지키고 간직해야 할 선물일지도 모릅니다. 외로움은 우리의 내적 공허함(inner emptiness)을 명확히 보여 줍니다. 외로움을 잘못 받아들이면 파괴적일 수 있지만 그 달콤한 고통을 참아낼 수 있는 사람에게는 약속으로 가득 차 있기 때문입니다.

참을성을 잃고 외로움을 포기함으로써 단절감과 불완전성을 극복하려고 지나치게 서두를 때, 우리는 몹쓸 기대감을 안고 인간세상에서 살아가기 쉽습니다. 우리는 마음 깊은 곳에 자리잡은 직관적 지식을 무시합니다. 그 지식이란 사랑이나 우정도, 친밀한 포옹이나 부드러운 키스도, 친교나 모임도, 그리고 그 어떤 남자나 여자도 외로운 상태에서 벗어나고픈 우리의 욕망을 만족시킬 수 없다는 사실입니다. 이 진실은 너무나 당혹스럽고 고통스럽기 때문에 우리는 실존의 진리를 직시하기보다 공상의 세계에서 살려는 경향을 보입니다.

그래서 우리의 경험을 정말로 이해하는 남자, 우리의 불안한 삶에 평안을 가져다줄 여자, 우리의 잠재력을 실현할 수 있는 일, 모든 것을 설명해 줄 책, 그리고 편안함을 느낄 수 있는 장소를 계속 꿈꾸며 이 모든 것을 언젠가는 찾게 될 것이라고 생각합니다. 그런 그릇된 희망으로 우리는 만족을 모르고 끊임없이 무언가를 요구하다가 지쳐 버립니다. 어느 누구도, 그 어떤 것도 우리의 절대적 기대를 충족시킬 수 없다는 사실을 발견하는 순간 쓰라린 마음과 위험한 적대감을 품게 됩니다.

많은 결혼이 파국으로 치닫는 이유는 남편이나 아내가 자신의 외로움을 완전히 해결해 줄 것이라는 희망이 실현되지 않기 때문입니다. 아직 결혼하지 않은 많은 사람이 결혼 생활의 친밀성 속에서 자신의 외로움이 사라지리라는 순진한 꿈을 가지고 살아갑니다.

사역자가 이런 그릇된 기대와 환상을 가지고 살아간다면 그는 자신의 외로움을 인간 이해의 원천으로 삼을 수 없습니다. 또한 자신의 고통을 이해하지 못하고 있는 많은 사람을 진정으로 섬길 수 없습니다.

직업적 외로움

사역자의 삶에 생긴 외로움의 상처는 훨씬 더 심각합니다. 사역자는 인간으로서의 고독을 느낄 뿐 아니라, 사역자로서 자신의 직업적 영향력이 감소하고 있음을 자각하기 때문입니다. 사역자는 삶의 궁극적 관심, 출생과 죽음, 만남과 이별, 사랑과 증오에 대해 말하도록 부름 받은 사람입니다. 그에게는 사람들의 삶에 의미를 부여하고자 하는 강렬한 욕망이 있습니다. 그러나 그는 사건의 주변부에만 맴돌며, 결정이 이루어지는 중요한 자리에 마지못해 앉습니다.

많은 사람이 생의 첫 번째 울음소리와 마지막 말을 남기는 병원에서 사역자들의 존재는 필수적이라기보다 마지못해 허용되는 존재입니다.

해방과 자유를 향한 인간의 욕망을 가장 뼈저리게 느낄 수 있는 감옥에서, 목사는 자신이 마치 죄 지은 방관자이며 자신의 말에는 아무 영향력이 없는 것 같은 느낌을 받습니다. 건물들 사이에서 아이들이 뛰놀고, 노인네들이 소외되고 잊혀져 죽어 가는 도시에서 성직자들의 저항은 진지하게 받아들여지지 않습니다. 그들의 요구는 허공을 맴도는 형식적 질문으로 받아들여집니다. 구원과 새 생명에 대한 얘기들로 치장된 많은 교회가 구식 생활 방식에 편안함을 느낍니다. 교회는 사역자의 말을 통해 돌처럼 굳은 자신들의 마음이 용광로로 변화되어 그 용광로에서 칼이 쟁기가 되고 창이 보습이 되는 것을 허용치 않으려는 사람들의 사교 모임 정도에 불과합니다.

인간들 삶의 중심에 다가가려는 사역자는 주변에 서서 중심으로 들어가게 해달라고 부질없는 간청을 할 때가 더러 있습니다.

그것이 바로 그들이 겪는 고통스러운 아이러니입니다. 정작 활동이 이루어지는 곳, 계획이 만들어지고 전략이 논의되는 곳에는 참여하지 못하는 것 같고, 잘못된 장소와 잘못된 시간에 잘못된 사람들과 항상 함께하는 것 같습니다. 마치 잔치가 끝난 성의 문밖에서 우는 몇몇 여인들과 함께 서 있는 것 같습니다.

몇 년 전, 네덜란드와 미국을 오가는 배의 선상 신부로 일했습니다. 나는 거대한 네덜란드 원양 정기선의 선교(船橋)에 서 있었는데, 그 배는 짙은 안개를 헤치고 로테르담 항구에 입항하려 하고 있었습니다. 안개가 너무 짙어서 조타수가 뱃머리조차 볼 수 없는 상황이었습니다. 선장은 다른 선박과 그 배의 위치를 알려 주는 레이다 요원의 얘기에 귀를 기울이고, 초조한 마음으로 분주히 선교를 오르내리며 조타수에게 큰소리로 명령을 내리곤 했습니다. 그러다 선장이 갑자기 나와 마주쳤는데 버럭 소리를 질렀습니다.

"이런 젠장, 신부님, 저리 좀 비켜요."

그 순간 무력감과 죄의식이 마음속에 밀려들었습니다. 내가 막 도망가려 할 때, 그 선장이 다시 다가와 말했습니다.

"그냥 여기 좀 계서 주세요. 정말 당신이 필요한 순간은 바로 지금인듯 싶습니다."

그리 오래전은 아니지만, 사역자가 마치 능력과 자신감을 가지고 배를 조정하는 선장 같다고 느꼈을 때가 있습니다. 그러나 이제 우리는 방해되는 존재가 되었습니다. 그것이 바로 우리의 외로운 위치입니다. 우리는 무능합니다. 갑판을 청소하다가 농땡이치고 우리와 함께 맥주를 마시는 선원들은 우리를 좋아할지도 모릅니다. 그러나 날씨가 좋을 때 그들은 우리의 얘기를 진지하게 받아들이지 않습니다.

우리가 가지고 있는 외로움의 상처는 참으로 깊습니다. 보통 때는 정신을 분산시키는 것이 너무 많아서 잊고 지내기도 합니다. 그러나 우리의 좋은 의도도 신실하게 행함에도 불구하고 세상을 변화시키는 데 실패하고, 바람과는 달리 삶의 주변으로 밀려나면 비로소 여전히 외로움의 상처가 남아 있음을 인식하게 됩니다.

이제 우리는 사역자가 다른 사람들과 마찬가지로 인간으로서뿐 아니라, 직업으로 인한 독특한 어려움 때문에 외로움이라는 상처도 가지고 있다는 사실을 알게 되었습니다. 사역자는 다른 사람들이 일반적으로 하는 것보다 더 주의 깊게 이 상처를 싸매야 합니다. 자신의 고통을 깊이 이해할 때 사역자는 자신의 약점을 강점으로 바꿀 수 있으며, 자신의 고통을 잘못 이해하여 어둠 속에서 길을 잃고 헤매는 사람들에게 사역자 자신의 경험을 치유의 원천으로 제공할 수 있습니다.

이것은 매우 힘든 부르심입니다. 믿음의 공동체를 형성하는 일에 헌신된 사역자에게 외로움이란 부인하고 무시해야 할 고통스러운 상처이기 때문입니다. 그러나 일단 그 고통을 받아들이고 이해하면 사역자는 더 이상 그 고통을 부인할 필요가 없습니다. 그러할 때 사역은 치유를 일으키는 섬김이 될 수 있습니다.

'치유하는'
사역자

어떻게 상처가 치유의 원천이 될 수 있습니까? 주의 깊게 생각해 보아야 할 문제입니다. 상처 입은 우리의 자아를 통해 다른 사람들을 섬기고 싶을 때, 자신의 직업적 삶과 개인적 삶의 관계를 고려해 보아야 하기 때문입니다.

그 어떤 사역자도 자신이 돕고자 하는 사람들에게 자신의 삶의 경험을 감출 수 없습니다. 감추기를 바라는 것조차 안 됩니다. 의사는 사생활이 몹시 혼란스럽더라도 좋은 의사가 될 수 있지만, 사역자는 자신의 경험을 항상 생생하게 진실한 것으로 인정할 수 없으면 섬길 수 없기 때문입니다.

하지만 상처 입은 치유자의 개념을 영적 노출증(spiritual exhibitionism) 옹호로 잘못 이해하거나 오용할 가능성도 매우 높습니다. 설교 중에 목회자가 개인적인 문제를 무작정 얘기하는 것은 성도들에게 도움이 되지 못합니다. 고통 중에 있는 사람에게 누군가 자신도 그와 똑같은 문제를 가지고 있다고 말한다고 해서 도움이 되지는 않기 때문입니다. "나도 당신처럼 우울증과 혼란, 그리고 불안에 시달리고 있으니 걱정하지 마세요"라는 말은 그 누구에게도 도움이 되지 못합니다. 이런 영적 노출증은 그렇지 않아도 믿음이 약한 사람의 믿음을 더 약화시키며, 새로운 관점을 갖게 하기는커녕 그들을 더욱 편협하게 할 뿐입니다. 노출된 상처는 악취를 풍길 뿐 치유의 능력이 없습니다.

자신의 상처를 치유의 원천으로 삼는다는 것은 개인적인 고통을 피상적으로 공유한다는 뜻이 아닙니다. 자신의 아픔과 고통은 모든 인간이 공유하는 깊은 인간의 상태에서 오는 것이라고 보기 위해 부단히 노력해야 한다는 것입니다.

어떤 사람에게는 상처 입은 치유자라는 개념이 어둡고 건전하지 않게 들릴지도 모릅니다. 그들은 자기완성(self-fulfillment)의 이상이 자기징계(self-castigation)의 이상으로 대체되는 것 같고, 아픔이 비판의 대상이 아니라 낭만의 대상처럼 느껴질지도 모릅니다. 나는 상처 입은 치유자라는 개념이 어떻게 자아실현, 자기완성의 개념과 상충되지 않고 오히려 그 개념의 깊이를 심화하고 폭을 넓혀 주는지 제시하고 싶습니다.

치유는 어떻게 일어날까요? 기독교 사역자에게 주어진 치유의 사명과 관련하여 '돌봄, 긍휼, 이해, 용서, 교제, 공동체' 등의 말들이 사용되어 왔습니다.

이제 나는 '환대'(歡待, hospitality)라는 말을 사용하고 싶습니다. 환대는 유대교와 기독교의 전통에 깊이 뿌리내리고 있을 뿐 아니라, 외로움이라는 인간의 상태에 대한 반응이 본질적으로 어떠해야 하는지 좀 더 깊은 통찰력을 주기 때문입니다.

환대라는 미덕으로 말미암아 우리는 자신의 두려움이 만들어 내는 편협한 마음을 깨뜨리고 낯선 사람에게 자신의 집을 개방하게 됩니다. 그때 구원은 지친 나그네의 모습으로 우리에게 다가오며 우리는 이를 직관적으로 압니다. 환대를 통해, 걱정 근심하는 제자들은 힘 있는 증인이 되고, 의심 많은 주인들은 관대하게 나누어 주는 사람이 되고, 닫힌 마음의 분파주의자는 새로운 사상과 의견을 흥미를 가지고 받아들이게 됩니다.

그러나 오늘날 우리가 환대의 의미를 완전히 이해하기는 어렵습니다. 셈족의 유목민들처럼 우리는 고독한 여행자들이 가득한 광야에서 살고 있습니다. 그들은 평화로운 순간과 깨끗한 물, 격려를 찾고 있으며, 그렇게 자유를 찾는 신비로운 탐색을 계속하기 원합니다.

환대가 치유의 능력을 발휘하기 위해서는 무엇이 필요할까요? 무엇보다도 먼저 주인이 자신의 집에서 편안함을 느껴야 합니다.

그리고 주인은 예상치 못했던 방문자가 두려움 없이 편히 쉴 수 있는 장소를 제공해 주어야 합니다. 그러므로 환대에는 두 가지, 곧 집중(concentration)과 공동체(community)라는 개념이 포함되어 있습니다.

환대와 집중

환대란 손님에게 주의를 집중하는 능력입니다. 이것은 매우 어려운 일입니다. 다른 사람에게 주의를 집중하려면 먼저 자신으로부터 거리를 두어야 하는데, 자신의 필요와 걱정과 긴장 등에 마음을 빼앗길 때는 그 일이 어려워지기 때문입니다.

얼마 전, 한 교구를 담당하고 있는 성직자를 만났습니다. 그는 예배, 학습, 점심과 저녁 식사 약속, 회의 등 눈코 뜰 새 없이 바쁘게 짜여진 하루 일정을 얘기하고 나서 변명하듯이 이렇게 말했습니다.

"예… 하지만 거기에는 너무나 많은 문제가 있습니다."

"누구의 문제인가요?"

나의 질문에 그는 잠시 동안 아무 말 없이 침묵을 지키다가 좀 주저하며 말했습니다.

"제 자신의 문제인 것 같습니다."

사실 그는 아무것도 안 하고 가만히 있으면 자신이 발견할지도 모르는 것에 대한 두려움 때문에 그렇게 왕성하게 활동했던 것입니다. 그는 이렇게 말했습니다.

"고통스러운 자기 집중을 피하려고 바쁘게 활동하고 있는 것 같습니다."

이와 같이 우리는 자신이 가지고 있는 목적 때문에 다른 사람에게 주의를 집중하기가 매우 어렵습니다. 우리의 목적이 개입되자마자 문제는 "그가 누구인가?"가 아니라 "그로부터 내가 무엇을 얻을 수 있는가?"가 됩니다. 그러면 그가 말하는 것에 더 이상 귀를 기울이지 않고, 그가 말하는 것을 가지고 우리가 무엇을 할 수 있는가에 신경을 씁니다. 긍휼, 우정, 명성, 성공, 이해, 돈, 경력 등 인식하지 못했던 우리의 필요를 충족시키는 데 관심을 갖습니다. 그리고 다른 사람에게 주의를 집중하는 대신, 참견 어린 호기심을 가지고 다른 사람을 대합니다.[20]

다른 별개의 목적 없이 타인에게 주의를 기울이려는 사람은 먼저 자신의 집에서 편안함을 느껴야 합니다. 다시 말해 그는 삶의 중심을 자신의 마음속에서 발견해야 합니다. 그러므로 참된 환대를 위해 필요한 전제 조건인 집중은 명상과 묵상으로 이어집니다. 우리의 영혼에 안식이 없고, 다양하면서도 종종 상반되는 수천 개의 자극들에 쫓기며, 이 세상 사람과 생각과 근심 사이에 끼여 있다면 어떻게 다른 사람이 편안한 마음으로 자유롭게 드나들 수 있는 공간을 만들 수 있겠습니까?

역설적이기는 하지만 자기연민이 아니라 겸손의 마음을 가지고 자신 안으로 칩거할 때, 우리는 다른 사람이 있는 모습 그대로 행동하고 우리에게 다가올 수 있는 공간을 만듭니다. 스위스 취리히에 있는 칼 융(C. G. Jung: 정신적 문제에 대해 꿈과 종교가 어떤 중요한 역할을 담당하는지에 대해 프로이드와 함께 공동 연구를 한 스위스의 심리학자-역주) 연구소의 연구 실장인 제임스 힐만(James Hillman)은 상담에 대해 이렇게 기술합니다.[21]

다른 사람이 마음을 열고 얘기를 하도록 하기 위해서는 상담자가 뒤로 물러서는 것이 필요합니다. 다른 사람을 위한 공간을 마련하기 위해서는 내가 물러서야 합니다. 이 물러남은 적극적으로 사람을 맞이하여 만나는 것보다 더 강렬한 집중을 의미합니다. 우리는 그 모델을 유대교의 신비주의적 교리인 침춤(Tsimtsum)에서 찾아볼 수 있습니다. 편재하시고 전능하신 하나님은 어디에나 계셨습니다. 그분께서는 우주를 그분의 존재로 채우셨습니다. 그런 상황에서 어떻게 창조가 이루어질 수 있었을까요? … 창조를 위해 하나님께서는 뒤로 물러서야 했습니다. 하나님께서는 자기 집중을 통해 자신이 아닌 타자(他者, the other)를 창조하셨습니다. …인간의 수준에서 말하자면, 나 자신이 물러섬으로써 타인이 출현하게 됩니다.

그러나 인간이 뒤로 물러서는 것은 매우 고통스럽고 외로운 과정입니다. 왜냐하면 그로 인해 자신의 상태, 곧 모든 아름다움뿐만 아니라 비참함도 직시해야 하기 때문입니다. 자신의 중심으로 들어가서 영혼의 움직임에 집중하는 것을 두려워하지 않을 때, 살아 있는 것은 사랑받는 것을 의미한다는 사실을 알게 됩니다.

우리는 사랑으로 말미암아 태어난 사람들이기에 사랑할 수 있으며, 우리의 삶이 선물로 주어진 것이기에 우리도 줄 수 있고, 우리의 마음보다 훨씬 더 큰 마음을 가지신 분이 우리를 자유롭게 하셨기에 우리가 다른 사람들을 자유롭게 할 수 있다는 사실을 이 경험을 통해 알 수 있습니다.

자신의 중심에서 삶의 닻을 내릴 수 있는 안정된 장소를 발견했을 때, 우리는 다른 사람들이 그들을 위해 마련된 공간으로 들어와 두려움 없이 자기들의 춤을 추고 자기들의 노래를 부르며 자기들의 언어를 말하게 할 수 있습니다. 그렇게 되었을 때 우리는 더 이상 위험하고 많은 것을 요구하는 존재가 아니라, 사람들의 마음을 끌고 그들을 자유케 하는 존재가 됩니다.

환대와 공동체

자신의 외로움에 익숙해져 이젠 자신의 집에서 편안함을 느끼는 사역자는, 손님들을 환대하는 주인이 됩니다. 그는 손님들에게 친근한 공간을 제공합니다. 그곳에서 손님들은 오고가고, 가까이 다가오거나 거리를 두기도 하고, 쉬거나 놀기도 하며, 얘기하거나 침묵하고 식사하거나 금식하는 등 모든 것들을 자유롭게 할 수 있습니다. 손님이 자신의 영혼을 발견할 수 있는 빈 공간을 만들어 내는 것이 환대에 필요하다는 사실은 참으로 역설적입니다.

이것이 어떻게 치유의 사역이 됩니까? 그것은 한 사람이 다른 사람에게 온전함(wholeness)을 줄 수 있다는 그릇된 환상을 제거해 주기 때문입니다. 또 자신의 외로움을 다른 사람과 공유할 수 있는 수준에서 인식하도록 해 주기 때문입니다. 많은 사람이 인생에서 괴로움을 느끼는 이유는, 자신의 외로움을 완전히 없애 줄 사람이나 사건, 또는 만남을 애타게 찾고 있기 때문입니다. 그러나 진정한 환대를 받을 수 있는 집에 들어서는 순간, 자신의 상처가 절망과 비통함에서 기인한 것이 아니라 자신들의 여행을 지속하도록 해 주는 표시로 이해되어야 한다는 사실을 알게 됩니다.

이런 것들을 통해 우리는 사역자가 줄 수 있는 도움이 어떤 것인지 알 수 있습니다. 사역자는 고통을 제거하는 것이 주된 임무인 의사가 아닙니다. 오히려 사역자는 공유될 수 있는 정도까지 그 고통을 심화시킵니다. 자신의 외로움을 가지고 사역자를 찾아오는 사람은 자신의 외로움이 이해되고 공감될 것을 기대할 수 있습니다.

그러므로 그는 더 이상 외로움을 회피할 필요가 없고, 인간의 근본적 상태의 표현으로 받아들일 수 있습니다.

자식을 잃고 괴로워하고 있는 여인에게 사역자가 해 주어야 할 것은 그녀에게 아직도 아름답고 건강한 자녀가 두 명이나 남아 있다는 위로의 말이 아닙니다. 자녀의 죽음을 통해 죽음은 그녀 자신뿐만 아니라 모든 사람에게 보편적으로 적용되는 인간의 상태라는 사실을 깨닫도록 도와주어야 합니다.

사역자의 주된 임무는 사람들이 잘못된 이유로 고통받는 것을 막는 것입니다. 그릇된 가정(假定)을 삶의 기초로 삼기 때문에 고통받는 이들이 많습니다. 두려움이나 고독, 혼란이나 회의가 전혀 없어야 한다는 생각, 그것이 바로 그릇된 가정입니다. 그러나 이런 고통들은 우리 인간의 상태에 없어서는 안 될 상처들로 이해될 때에만 창조적으로 처리될 수 있습니다.

사역이란 인간의 상태를 직시하는 섬김이라고 할 수 있습니다. 그것은 사람들이 불멸과 온전성에 대한 환상을 가지고 살아가도록 허락하지 않습니다. 사역을 통해 사람들은 자신이 죽을 수밖에 없고 깨어진 존재이며, 이런 인간의 상태에 대한 인식에서 해방이 시작된다는 사실을 계속해서 상기하게 됩니다.

사람을 구원할 수 있는 사역자는 아무도 없습니다. 두려움에 떨고 있는 사람들에게 안내자가 될 수 있을 뿐입니다. 그러나 역설적으로, 이러한 안내를 통해 소망의 표적이 처음으로 나타납니다. 고통을 회피할 필요가 없고 그 고통이 삶에 대한 공동의 추구에 이용될 수 있다는 것을 인식할 때, 그 고통은 절망의 표현에서 소망의 표적으로 바뀝니다.

이러한 공동의 추구를 통해, 환대는 일체감이 있는 공동체를 이룹니다. 환대는 우리가 근본적인 나약함을 고백하고 소망을 나눔으로써 하나되게 하기 때문입니다. 이 소망은 인간의 화합 차원을 넘어 노예 상태에 있는 자신의 백성을 자유의 땅으로 부르신 하나님께로 우리를 인도합니다. 그리고 이 소망은 하나님의 백성을 형성하는 것이 하나님의 부르심이라는 유대교와 기독교 전통의 핵심입니다.

기독교 공동체는 상처가 치료되고 아픔이 경감되어서가 아니라 상처와 아픔이 새로운 비전을 위한 출구나 기회가 되기 때문에 치유의 공동체가 될 수 있는 것입니다. 우리가 서로 고백할 때 서로의 소망이 깊어지며, 서로의 나약함을 공유할 때 앞으로 우리에게 주어질 힘을 기억하게 됩니다.

외로움이 사역자의 가장 큰 상처들 중 하나라면, 환대는 그 상처를 치유의 원천으로 바꿔 놓을 수 있습니다. 집중을 통해 사역자는 자신의 고통이라는 무거운 짐을 다른 사람들에게 지우지 않게 되며, 자신의 상처를 자신은 물론 이웃의 상태를 이해하게 하는 조력자로 받아들이게 됩니다. 아픔을 나누는 일이 자기 불만을 억누르는 것이 아니라, 하나님의 구원 약속을 인식하는 것으로 받아들여질 때 일체감은 형성됩니다.

상처가 새로운 창조를 시작하는 장소

랍비 요쉬아 벤 레비가 엘리야에게 "메시아가 언제 오실까요?"라고 묻는 이야기를 소개하며 이 장을 시작했습니다. 이 이야기에는 중요한 결론이 있습니다. 성문 앞에 가난한 자들과 함께 앉아 있는 메시아를 알아보는 방법을 랍비 요쉬아 벤 레비에게 엘리야가 알려 주었을 때, 그 랍비는 메시아에게 가서 이렇게 말했습니다.

"나의 주님이며 선생님이신 당신에게 평안이 있기를 바랍니다."
메시아가 대답했습니다.
"레비의 아들에게 평안이 있기를 바라노라."
"주님은 언제 오시나요?"
그가 묻자 메시아가 '오늘'이라고 대답했습니다. 랍비 요쉬아는 엘리야에게로 돌아갔고 엘리야가 그에게 물었습니다.

"그가 당신에게 뭐라고 하던가요?"

"그는 사실 나를 속였습니다. 그는 내게 '오늘 내가 올 것이다'라고 말했는데 오지 않았거든요."

엘리야가 말했습니다.

"그가 당신에게 했던 말은 '너희가 오늘날 그의 음성 듣기를 원한다면'이었습니다(시 95:7)."

우리가 상처 입은 치유자로서 부름 받았다는 것을 알 때조차도, 치유가 오늘 일어나야 한다는 것을 인정하기란 여전히 어렵습니다. 우리의 상처가 지나칠 정도로 눈에 띄는 시대에 살고 있기 때문입니다. 외로움과 고립이 우리 일상의 너무나도 커다란 부분이 되어 버렸습니다. 그래서 우리는 비참함으로부터 우리를 건져 내고 정의와 평화를 가져다줄 해방자를 간절히 찾습니다.

그러나 해방자가 가난한 사람들 사이에 앉아 계시며, 우리의 상처가 소망의 표적이고, 오늘이 해방의 날임을 선언하는 사람은 거의 없습니다. 그러나 상처 입은 치유자는 이렇게 선언합니다.

"주님은 오십니다. 내일이 아니라 오늘, 내년이 아니라 올해, 우리의 모든 비참함이 다 지나가고 난 뒤가 아니라 그 한가운데로, 다른 곳이 아니라 바로 우리가 서 있는 이곳으로 주님은 오십니다."

그리고 어려운 상황을 직면하여 그는 이렇게 말합니다.

너희가 오늘 그의 음성을 듣거든 너희는 므리바에서와 같이 또 광야의 맛사에서 지냈던 날과 같이 너희 마음을 완악하게 하지 말지어다 그 때에 너희 조상들이 내가 행한 일을 보고서도 나를 시험하고 조사하였도다(시 95:7-9).

실제로 우리가 그 음성을 듣고 사역을 통해 메시아 도래의 서광을 볼 수 있기 때문에 사역이 소망의 표적이라는 것을 믿는다면, 우리가 궁극적으로 추구해야 할 것은 이미 우리 안에 있음을 스스로 이해하고 다른 사람들도 이해시킬 수 있습니다. 그러므로 사역은 살아 있는 진리에 대한 증거가 됩니다. 그 진리란 바로, 지금 우리를 고통스럽게 하는 상처가 하나님께서 새로운 창조를 시작하시는 장소였다는 사실을 후에 알게 되리라는 것입니다.

진정한 사역자로 전진

- 나의 상처가 다른 이들의 생명이 되다

나는 이 책의 마지막 장에서 상처 입은 자신의 상태를 치유의 원천으로 다른 사람들에게 제공하기를 원하는 사역자가 지녀야 할 가장 중요한 태도가 환대라고 말했습니다. 사역자가 포용력 있는 주인이 되었을 때 그에게 오는 다양한 손님들을 통해 이 태도의 의미는 분명하게 드러납니다.

병원의 비인격적 환경 속에서 방향을 잃고 죽음과 삶 모두를 두려워했던 병든 농부 해리슨 씨, 내향적이고 아버지가 없는 강박적인 세대, 단편적이고 혼란스러운 실존의 한가운데서 새로운 방식의 불멸을 추구하는 사람들이 있습니다. 그들은 모두 두려움 없이 움직이면서 새로운 방향을 발견할 수 있는 자유로운 공간을 찾고 있습니다.

그리스도를 본받는다는 것이 그리스도께서 사셨던 대로 사는 것이 아니라, 그리스도께서 자신의 삶을 진실하게 사셨듯이 우리도 우리의 삶을 진실하게 살아가는 것을 뜻한다면 그리스도인이 되는 방법이나 형식은 다양합니다.

사역자는 이러한 진실의 추구를 가능하게 하는 사람입니다. 그는 자신이 추구한 것을 다른 사람이 이용할 수 있도록 하는 사람입니다. 그는 치우침 없는 관찰자로서 서 있기만 하는 것이 아니라 그리스도를 명확하게 증거하는 증인입니다.

사역자에게 있어 환대란, 자신이 어디에 서야 하고 누구를 도와야 하는지를 아는 것입니다. 또한 다른 사람들이 자신의 삶에 들어올 수 있게 하고, 그들이 가까이 다가와 그들의 삶이 자신의 삶과 어떻게 연계되는지 물어볼 수 있도록 하는 것입니다.

환대가 어떠한 결과를 낳을지는 아무도 예측할 수 없습니다. 주인이 손님들로부터 기꺼이 영향을 받겠다고 할 때마다 어떤 결과가 나타날지 모른다는 위험성이 따르기 때문입니다. 그러나 공동의 추구로 위험을 분담할 때라야 새로운 생각이 도출되고, 새로운 비전이 모습을 드러내며, 새로운 길을 보게 됩니다.

2년 후, 10년 후 또는 20년 후 우리는 어떤 모습일지 알지 못합니다. 그러나 인간은 고통받고 있으며, 그 고통을 나눌 때 우리가 전진할 수 있다는 사실은 압니다.

사역자의 부르심은 자신에게 오는 많은 손님에게 이 전진에 대한 신뢰감을 주는 것입니다. 그 신뢰감으로 말미암아 사람들은 안주하지 않고 계속해서 나아가려는 열망이 점점 커지며, 인간과 세상의 완전한 해방이 앞으로 오리라는 것을 확신하게 됩니다.

감사의 말

이 책이 나오기까지 많은 분들이 중요한 역할을 담당해 주었습니다. 필자가 강의록 형태로 넘긴 원고를 다시 구성하고, 주요 부분을 수정하며 다듬어 주신 분들의 도움이 특히 컸습니다.

원고 집필의 마지막 단계에 많은 도움을 준 스티브 토마스(Steve Thomas)와 루퍼스 러스크(Rufus Lusk), 비서 역할을 충실히 수행해 준 인데이 데이(Inday Day), 그리고 나를 격려해 주고 뛰어난 편집 능력을 발휘해 준 엘리자베스 바텔름(Elizabeth Bartelme)에게 고마움을 표합니다.

콜린(Colin)과 필리스 윌리엄스(Phyllis Williams)에게 이 책을 드립니다. 필자로 하여금 예일신학교를 자유롭게 이용할 수 있도록 해 준 그들의 우정과 관대함에 감사드립니다.

1. Antonio Porchia, Voices(Chicago, 1969).

2. 산스크리트어로 기록되고 반 뷰테넌(J. A. B. van Buitenen)에 의해 번역된 《고대 인도 이야기》 중에서. *Tales of Ancient India*(New York: Bantam Books, 1961), pp. 50-51.

3. Lifton. *History and Human Survival*(New York: Random House, 1970), p. 318.

4. Lifton, *Boundaries*(New York: Random House, 1970), p. 98.

5. Lifton, *History and Human Survival*, p. 318.

6. Lifton, *Boundaries*, p. 22.

7. Lifton, *History and Human Survival*, p. 330.

8. Rogers, *On Becoming a Persor*(Houghton Mifflin, 1961), p. 26 참고.

9. *Psychology Today*, 1969년 10월호.

10. "비명"(碑銘, Epitaph) 중 일부. Robert Fripp, Ian McDonald, Greg Lake, Michael Giles, Peter Sinfield에 의해 작사 작곡. Copyright 1969, 1971 Enthoven Gaydon & Co., London, England. TRO-TOTAL MUSIC, INC., New York. 허가하에 사용.

11. "나는 바람에게 얘기하네"(I Talk to the Wind) 중 일부. 작사 작곡은 Ian McDonald, Peter Sinfield. Copyright 1969 Enthoven Gaydon & Co., London, England. TRO-TOTAL MUSIC, INC., New York. 허가하에 사용.

12. "비명"(Epitaph) 중 일부.

13. *Psychology Today*, 1969년 10월호.

14. Ibid.

15. Alexander Berkman, *Prison Memoirs of an Anarchist*(New York, 1970) 참고.

16. Soledad Brother, *The Prison Letters of George Jackson*(New York, 1970) 참고.

17. Seward Hiltner의 탁월한 저서 *Counselor on Counseling*(Nashville, Tennessee, Abingdon, 1950) 참고.

18. Carl Rogers, *On Becoming a Person*(London, 1961), p. 26.

19. 산헤드린 논문집에서.

20. James Hillman: *Insearch*, Charles Scribner's Sons(New York, 1967), p. 18 참고.

21. James Hillman, *Insearch*, p. 31.